日本語
JAPANISCH
CRASHKURS

W0074990

MARÍA FERRER & DAVID RAMÍREZ
LAYOUT: ÁNGEL-MANUEL YBÁÑEZ

TOKYOPOP GmbH
Bahrenfelder Chaussee 49, Haus B
22761 Hamburg

TOKYOPOP
2. Auflage, 2010
Deutsche Ausgabe/German Edition
© TOKYOPOP GmbH, Hamburg 2009
Aus dem Spanischen von Nicole Biarnés Kiefer
Rechtschreibung gemäß DUDEN, 25. Auflage

© 2005 María Ferrer / David Ramírez
Represented by NORMA EDITORIAL S.A., Spain

Redaktion: Elke Benesch
Lettering: Yvonne Schlatter
Herstellung: Yvonne Schlatter
Druck und buchbinderische Verarbeitung:
CPI–Clausen & Bosse GmbH, Leck
Printed in Germany

ISBN 978-3-86719-740-3

www.tokyopop.de

日本語
JAPANISCH
CRASHKURS

MARÍA FERRER & DAVID RAMÍREZ
LAYOUT: ÁNGEL-MANUEL YBÁÑEZ

1

HAMBURG // LONDON // LOS ANGELES // TOKYO

「どんなに前でも、
大切な人を失った事は いつまでも忘れられないし
いつまでも寂しいものよ」

Egal, wie viel Zeit auch vergeht, den Verlust eines geliebten
Menschen kann man nicht vergessen; und die Traurigkeit begleitet
die Erinnerung an ihn für immer.
Aus xxxHolic

お母さんへ
Für meine Mutter

María

Gewidmet Osamu Tezuka,
weil mit ihm alles anfing.

David

DANKSAGUNG

Ich möchte all jenen einige Zeilen zum Dank widmen, die auf irgendeine Art und Weise, direkt oder indirekt, an der Entwicklung des *Japanisch Crashkurses* beteiligt waren.

Ich danke Óscar für das in uns gesetzte Vertrauen, als er uns für die Umsetzung der Idee, die uns schon seit langer Zeit im Kopf herumspukte, grünes Licht gab. Und für alles andere.

Mein Dank geht auch an Ángel für seinen Einsatz bei diesem Wahnsinnsprojekt und für seine ständige Begeisterung und seinen Ehrgeiz. Sowie für all das, was er neben den rein technischen Aspekten zu diesem Buch zusätzlich beigesteuert hat.

Danke an Carles für seine Geduld bei den ständigen Terminverschiebungen und dafür, dass er weiß, wie man Ordnung in das Chaos bringt.

Danke an Titus dafür, dass er mir die Türen zu seiner Welt geöffnet und mir dabei geholfen hat, so viel über mich selbst zu erfahren.

Danke auch an Kimi für meine erste Reise nach Japan, die den Beginn einer ernsthaften Beziehung zur japanischen Sprache markiert.

Danke an alle Freunde, die Verständnis für meine Hingabe an dieses Projekt gezeigt haben und die trotzdem immer für mich da waren.

Vielen Dank an meinen Bruder, der noch vor mir die Katakana gelernt hat, denn sonst hätte ich mich mit Sicherheit nie dafür interessiert, *Dragon Ball* im Original zu lesen, und somit auch kein Japanisch gelernt.

Danke an meinen Vater für sein Verständnis dafür, dass Übersetzungen mein Ding sind, und er mich in allem unterstützt hat.

María Ferrer
Barcelona, 2005

• • •

Danke an Núria, Manu, Titus, Kuki, Esteban, Óscar, Rafa, Armand, José Miguel, Mary, Carles, Jordi, María, Juan Carlos, Álex, Ana María, Annabel, Toni, Alberto, Jaime, Alejandro, Nacho, Vicente, Josep, Roger und David dafür, dass sie an mich geglaubt haben.

David Ramírez

INHALTSVERZEICHNIS

DIE AUSDRUCKSWEISE IM MANGA 122

VORWORT

In Japan sind Manga ein Teil des täglichen Lebens. Sie sind so beliebt, dass es Manga für jede Leserschaft gibt: Wenn du Action oder Sport magst, findest du einen passenden Manga. Egal, ob du gerne kochst oder gerne nähst oder ob du auf romantische Abenteuer, Geschichte oder Wirtschaft stehst, mit Sicherheit gibt es einen passenden Manga für dich. In Japan werden unglaublich viele Manga produziert, doch außerhalb Japans erscheint nur ein Bruchteil davon. Wenn du also deine persönliche Lieblingsserie noch nicht gefunden hast, dann ist jetzt der richtige Zeitpunkt gekommen, um dich mit dem notwendigen Handwerkszeug auszustatten, damit du möglichst bald Manga auf Japanisch lesen kannst.

Wenn du schon Manga-Fan bist, hast du dich sicher gefragt, warum Manga, die hier vor Ort im Buchhandel verkauft werden, »anders herum« gelesen werden? Warum einige der Sprechblasen vertikal sind, was das Gekritzel im Hintergrund zu bedeuten hat oder was deine Lieblingsfigur da im Original gerade sagt?

Japanisch Crashkurs ist für all jene, die mehr über die japanische Manga-Sprache wissen wollen. Ein Buch für alle Manga-Fans, die sich nicht damit zufriedengeben, jeden Monat nur die übersetzte Version ihrer Lieblingsserie zu lesen, sondern die das Original lesen wollen.

Es gibt immer mehr Sprachlehrmethoden, die sich auf Manga stützen. Traditionelle Sprachkurse verwenden Manga, um die Begriffe, die darin erklärt werden, zu illustrieren. *Japanisch Crashkurs* geht den umgekehrten Weg. Hier stehen keine Grammatik-Lektionen im Vordergrund, sondern die Dialoge im Manga, und es wird erklärt, wie diese Zeichen zu erkennen und zu verstehen sind.

Wir wollen dir hier beibringen, Hinweise im Text zu suchen, Wörter und Ausdrücke genau zu betrachten, die unterschiedlichen Elemente des Japanischen zu erkennen und sie dir mithilfe der grammatikalischen Erläuterungen zu merken, damit du sie später beim Lesen anwenden kannst.

Unser Ziel ist es, dir in diesen vier Bänden das notwendige Werkzeug an die Hand zu geben, damit du die Dialoge eines Manga verstehen kannst, sobald du ihn aufschlägst.

Wie in einem Videospiel, in dem sich deine Figur mit einem bestimmten Arsenal ausstatten muss, um für all die Gefahren gewappnet zu sein, so wirst du, ausgerüstet mit dem dir hier vermittelten Wissen, einen Manga in der Originalfassung aufschlagen können. Du wirst wissen, was du suchen musst und wie du es zu deuten hast. Mithilfe eines Wörterbuchs kannst du dann die Bedeutung der Wörter verstehen. Kurz gesagt: Du wirst einen Manga lesen können!

WO FANGE ICH AN?

In den Magazinen oder den Taschenbüchern (*Tankôbon*) sind die Wörter beziehungsweise die Kanji nicht nach verschiedenen Schwierigkeitsstufen geordnet. Und so kommen vom ersten Moment an in den Texten schwierige *Kanji* und komplizierte Satzkonstruktionen vor, sogar bei Texten, die für Kinder geschrieben sind wie zum Beispiel bei *Doraemon*. Bereits auf der ersten Seite kann beispielsweise ein Arzt vorkommen, der gerade über eine Herzoperation spricht, oder ein Anwalt, der einen Fall vor Gericht vertritt. Die Manga-Sprache spiegelt die verschiedensten Sprachebenen (informell, formell, umgangssprachlich) des gesprochenen Japanisch wider. Wir gehen hier deshalb von der Realität aus und erklären dir alles, was nötig ist, um die Manga-Sprache Schritt für Schritt verstehen zu lernen.

Der *Japanisch Crashkurs* folgt nicht der üblichen Vorgehensweise der Sprachlehrmethoden. Weil wir weder gesprochenes noch geschriebenes Japanisch lehren wollen, beginnen wir nicht mit Begrüßungsformeln, Vorstellung und Grundvokabular, sondern wir wollen dem Leser vielmehr ein »Basis-Set an Handwerkszeug« zur Lektüre der 4-Panel-Strips an die Hand geben.

Damit du dir neue Wörter leichter merken kannst, wiederholen wir die Vokabeln, die bereits in früheren Lektionen aufgetaucht sind, nicht noch einmal. So wirst du dazu gezwungen, zurückzublättern, wenn du dich an ein Wort nicht mehr erinnerst, und trainierst dadurch dein fotografisches Gedächtnis, was für das spätere Lesen der Manga sehr nützlich ist.

Die **Vokabelliste** beziehen sich auf den jeweiligen 4-Panel-Strip und die Verben sind bloß im Infinitiv angegeben, damit du sie dir besser merken und von Anfang an leichter wiedererkennen kannst. Um das Textverständnis zu erleichtern, enthält die Liste auch bestimmte Ausdrücke und Redewendungen mit ihren deutschen Entsprechungen.

Kurz gesagt: Wir fangen mit den 4-Panel-Strips an und erklären jedes einzelne Panel dahingehend, wie es zu lesen und zu verstehen ist. So lernst du nicht nur den Satzbau, sondern auch Ausdrücke, die in den Manga auftauchen, zu erkennen und Stück für Stück immer besser zu verstehen. Natürlich musst du aber auch ein paar Grundregeln erlernen, denn ohne Grundkenntnisse der japanischen Grammatik kommt man auch beim Lesen eines Manga nicht weit. Auf der Grundlage eines soliden Basiswissens kannst du dann mit jedem Manga viel Neues dazulernen. Allerdings brauchst du ein wenig Geduld, weil in einem Manga unterschiedliche Sprachstile vorkommen können. Du kannst jederzeit vor- oder zurückblättern oder nachschlagen, wenn du etwas nicht verstanden hast oder du nach mehr Informationen suchst. Aber übertreib es nicht! Geh besser Schritt für Schritt in der vorgegebenen Reihenfolge vor, da in den einzelnen Lektionen des Buches auf alle Aspekte eingegangen wird.

Zum Lesen der folgenden Seiten solltest du dir einige grundlegende Eigenschaften des Japanischen merken.

• Im Japanischen orientieren sich die Strukturen immer an einem **Thema**. Ein Satz wird immer um das zentrale Thema herum gebaut, wobei die Reihenfolge der Elemente dadurch gekennzeichnet ist, dass das Verb immer am Satzende steht.

• Die so genannten *i*-**Adjektive** verhalten sich wie Verben und werden **konjugiert**.

• Im Japanischen gibt es **Partikel** (*Joshi*): Man unterscheidet zum einen die Satzgliedpartikel, die hinter dem Element (Postposition) stehen, auf das sie sich beziehen, und die Finalpartikel, die eine Interaktion bezeichnen. Im Japanischen vermeidet man es, Offensichtliches zu sagen. Wird eine bestimmte Information zwischen zwei Sprechern als gegeben vorausgesetzt, wird sie nicht mehr explizit erwähnt. Es kann also vorkommen, dass in einer Textpassage das Subjekt fehlt und du nur aufgrund des Zusammenhangs erkennen kannst, wer gerade spricht. Auch das Thema selbst oder sogar die Partikel können weggelassen werden.

• Neben der **formellen** Sprache und der **informellen** gibt es auch noch die **Höflichkeitsformen**, die in bestimmten Situationen benutzt werden und jeweils von der Beziehung der Gessprächspartner zueinander abhängen.

• Im Japanischen steht das Verb immer am Ende des Satzes. **Adjektive** und die **Modifikatoren** stehen **vor** dem Syntagma, das sie verändern bzw. auf das sie sich beziehen.

• Es gibt keinen Plural. Um die Anzahl zu spezifizieren, benutzt man **Zählwörter** (die allerdings erst im nächsten Band behandelt werden).

• Wenn man über etwas spricht, wird im Japanischen normalerweise die unpersönliche Sprechweise angewendet. D.h., der Sprecher bezieht sich selbst nicht mit ein. Der **Agens** oder das **Subjekt** sind daher weniger wichtige grammatikalische Elemente und werden oft **weggelassen**.

Woher weiß ich, was in den einzelnen Panels steht? Lies die Texte in der japanischen Leserichtung von rechts nach links und von oben nach unten. Die Texte sind wie folgt durchnummeriert:

Panel 1 Sprechblase 1: **1a**
Panel 2 Sprechblase 1: **2a**
Panel 2 Sprechblase 2: **2b**   usw.

Abkürzungen

Adj.	–	Adjektiv		
aff.	–	affirmativ, bejahend	Neg.	–	negativ, Verneinung
Obj. Umstd.	–	Objekt des Umstands	Part.	–	Partikel
umgs.	–	umgangssprachlich	Verg.	–	Vergangenheit
Ausd.	–	Ausdruck	Präs.	–	Präsens
Inf.	–	Infinitiv	Vb.	–	Verb

JAPAN AKTUELL

1 Wie ist ein Manga geschrieben?

1. Was bedeuten diese Zeichen?

Der Text in den Sprechblasen und Panels eines Manga setzt sich aus vier verschiedenen Alphabeten zusammen. Sie heißen **Hiragana**, **Katakana**, **Kanji** und **Romaji**. In den Dialogen werden sie oft vermischt, weshalb du sie gut auseinanderhalten können musst. Hiragana und Katakana sind keine Buchstabenalphabete im eigentlichen Sinne, sondern Silbenschriften. Das heißt jeder Buchstabe bzw. jedes **Kana** entspricht einer Silbe, ausgenommen davon sind die Vokale und der Buchstabe *n*.

Beispiel:

にほんご	ニホンゴ	日本語	NIHONGO
HIRAGANA	KATAKANA	KANJI	ROMAJI

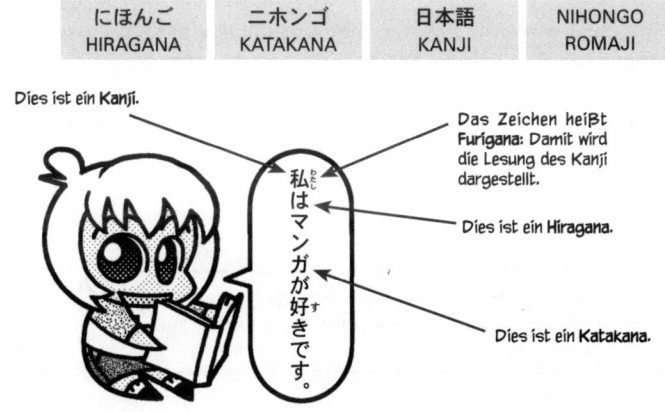

Dies ist ein **Kanji**.

Das Zeichen heißt **Furigana**: Damit wird die Lesung des Kanji dargestellt.

Dies ist ein **Hiragana**.

Dies ist ein **Katakana**.

Suche die Kana in den Tabellen und finde heraus, wie man sie liest!

Wie liest man das? *Watashi wa manga ga suki desu.*

Was bedeutet das? Ich mag Manga.

Aber da steht doch は (*ha*)! In Romaji schreibt man *wa*, weil es sich hierbei um eine **Partikel** handelt und diese anders geschrieben als gesprochen wird. Sie steht immer hinter dem Element, auf das sie sich bezieht. Wenn es sich bei は (*wa*) um eine **Thema-** oder **Subjektpartikel** handelt, findest du sie hinter *watashi* und anderen Personalpronomen oder Substantiven. Jedes grammatikalische Element hat seine eigene Partikel: das direkte Objekt, das ortsangebende Objekt und so weiter. Lies weiter, bald erfährst du mehr!

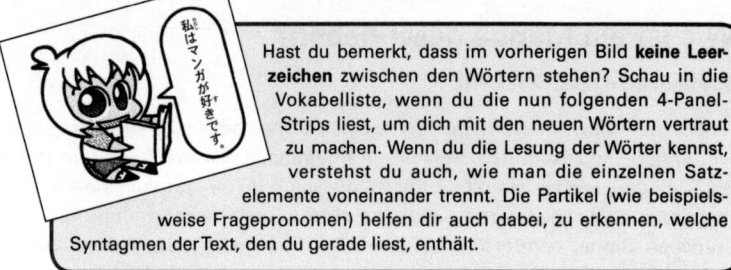

Hast du bemerkt, dass im vorherigen Bild **keine Leer-zeichen** zwischen den Wörtern stehen? Schau in die Vokabelliste, wenn du die nun folgenden 4-Panel-Strips liest, um dich mit den neuen Wörtern vertraut zu machen. Wenn du die Lesung der Wörter kennst, verstehst du auch, wie man die einzelnen Satzelemente voneinander trennt. Die Partikel (wie beispielsweise Fragepronomen) helfen dir auch dabei, zu erkennen, welche Syntagmen der Text, den du gerade liest, enthält.

a) Hiragana und Katakana

Um die Kana zu lernen, kannst du die Tabellen benutzen, die du am Ende des Buches findest. Um sie sofort wiederzuerkennen, bedarf es bloß ein wenig Übung.

– **Hiragana** benutzt man für Wörter, die nicht mithilfe der Kanji dargestellt werden können wie zum Beispiel Konjunktionen und andere grammatikalische Elemente

– **Katakana** benutzt man für nicht-japanische Begriffe und ausländische Namen oder auch zur besonderen Betonung bestimmter Wörter, so als wären sie großgeschrieben.

Wusstest du, dass 40 Prozent der Wörter, die in Manga vorkommen, aus dem Englischen stammen? Diese schreibt man daher auch in **Katakana (カタカナ)**.

カタカナ

b) Kanji

Die Kanji sind die Zeichen chinesischen Ursprungs, die im Japanischen benutzt werden. Es wird zwischen Piktogrammen, Logogrammen und Phonogrammen unterschieden. In manchen Manga sind die Kanji einfach zu lesen, weil ihre Lesung in Form der *Furigana* danebenstehen. Allerdings handelt es sich dabei dann meist um Manga, die in erster Linie für Kinder geschrieben sind.

c) Romaji

Romaji bedeutet »römische Lettern« und bezieht sich im Japanischen auf das lateinische Alphabet. Es wird innerhalb eines japanischen Textes benutzt, wenn von einem Fremdwort die Rede ist.

Dakuten sehen aus wie ein Kreis. Sie wandeln h-Laute in p-Laute um.

ha + [dakuten] = *pa*   は + [°] = ぱ

濁点

Welche **anderen Aspekte** der japanischen Schrift können wir hervorheben? Sieh dir dazu die Sprechblase neben der Zeichnung an.

パソコンが好きです。

Dieses Zeichen heißt **Handakuten** und ähnelt unseren Anführungszeichen: Es dient dazu, die »stimmlosen« Konsonanten (*t, k, s*) in »stimmhafte« (*d, g, z*) umzuwandeln

ta + [handakuten] = *da*
た + [˙] = だ
ka + [handakuten] = *ga*
か + [˙] = が

半濁点

Wie liest man das? *Pasokon ga <u>suki desu</u>.*

Was bedeutet das? Ich mag Computer.

Dieser Teil des Satzes kam schon einmal vor! Sieh dir hierzu Seite 13 an.

日本語で …

Im Japanischen gibt es weder Maskulinum, Femininum noch Neutrum, weder Singular noch Plural. Die Mehrzahl wird mithilfe anderer grammatikalischer Elemente angezeigt. Es gibt auch keine Artikel. Was es hingegen aber **gibt**, sind Personalpronomen (ich, du, er/sie/es, etc.), Demonstrativpronomen (das dort, dieses hier, jenes, welches) und Demonstrativadjektive (dieser, jener, derjenige, welcher).

Neben dem folgenden 4-Panel-Strip, den du gleich lesen wirst, findest du eine Vokabelliste mit der Übersetzung, doch ohne die Transkription: Das ist deine Aufgabe! Ziel der ersten Lektion ist es, dass du mithilfe der Tabelle die Kana lernst und dir die Zeichen einprägst, indem du das Lesen anhand des 4-Panel-Strips übst.

1. Benutze die Kana-Tabelle, um die Wörter innerhalb der Blasen zu finden, und lies den Dialog mithilfe der Anweisungen im folgenden Absatz.

Eines der Zeichen ist kleiner als die anderen. Das kleine つ *(tsu)* wird dazu benutzt, um einen Konsonanten zu verdoppeln oder eine Markierung für die Aussprache anzuzeigen. Das つ *(tsu)* zeigt eine plötzliche Unterbrechung im Satz an wie bei *ira-shaimase*. Der Laut *sh* der Silbe しゃ *(sha)* wird betont ausgesprochen. In Romaji geschrieben wird daher dieser Laut durch eine Verdopplung des ersten Konsonanten angezeigt: *irasshaimase*.

Hinter いらっしゃいませ steht ein Komma. Im Japanischen werden Kommata »in die andere Richtung« geschrieben (、).

2. Lies Panel 2! Im zweiten Satz stehen verschiedene Wörter aber keine Leerzeichen.

Die Elemente des Satzes sind folgende:

これは	*kore wa*	(dies + Themapartikel)
いくら	*ikura*	(wie viel)
ですか	*desu ka*	(sein + Fragepartikel)

3. Lies Panel 3 und 4!

Pausen werden im Manga mit Auslassungspünktchen (...), Punkt (。) oder Komma (、) gekennzeichnet oder einfach durch Trennung der Wörter, wie es in Panel 3 zu sehen ist. Das Japanische hat zwar eigene Mittel, um Ausrufe oder Fragen zu kennzeichnen, es werden aber auch die Satzzeichen ! und ? benutzt.

Das erste Kana des zweiten Wortes wird wiederholt ご *(go)*.

ご ごめんなさい   *Go-gomennasai*

ご *(go)* wird wiederholt, weil Mayu stottert. In diesem Fall hat ご *(go)* keinerlei Bedeutung.

Der hervorgehobene Ausdruck ist eine grammatikalische Form, die wir später noch genauer erläutern werden und bedeutet: »Ist nicht.«

ではないです   *dewanai desu*

Um die Lesung der Kanji herauszufinden, sieh dir die Furigana an, die sich neben jedem Zeichen befinden, und suche die Kana in der Tabelle.

メモ

いらっしゃいませ	willkommen
どうぞ	bitte
すみません	entschuldigung
これはいくらですか	Wie viel kostet das?
はい	ja
え～と	hm …
あ！	au, hey …
ごめんなさい	tut mir leid
売り物	Verkaufsgegenstand

Hier findest du die Vokabeln zu dem 4-Panel-Strip. Die Verben sind im Infinitiv aufgeführt, auch wenn sie im Text in der konjugierten Form erscheinen. Schlage im Kapitel **Die Handlung im Manga** nach, um mehr über die Verben zu erfahren. ACHTUNG!! Wörter, die vorher schon aufgetaucht sind, werden nicht wiederholt.

Und hier die Übersetzung. Erwarte keine wortwörtliche Übersetzung, denn die würde im Deutschen keinen Sinn ergeben. Die Ausdrücke sind so angepasst, dass sie natürlich klingen und man die Geschichte versteht.

ドイツ語

1a Herzlich willkommen. Hereinspaziert.

2a Entschuldigung. Was kostet das?

3a. Ja. Mal sehen …

4a Ähm …

4b Also … das ist unverkäuflich.

1. Finde die Zeichen in Panel 1.

   Sieh dir die erste Sprechblase genau an. Die ersten vier Kanji sind ein Name. Nach den Namen können Suffixe der Ehrenbezeichnung stehen, in diesem Fall さん (san).

長岡精一	さん	です	ね
Nagaoka Seiichi	*san*	*desu*	*ne*

   Sieh dir die zweite Sprechblase an:

今日	初めて	の	方	ね
Kyô	*hajimete*	*no*	*kata*	*ne*

   Mithilfe der Vokabeln kannst du die einzelnen Elemente nun schon erkennen:

今日	初めて	の	方	ね
Kyô	*hajimete*	*no*	*kata*	*ne*
[heute]	[zum ersten Mal]		[Person]	

2. Finde die Zeichen in Panel 2.

   Jetzt kannst du schon die Wörter voneinander trennen und sehen, wie der Satz aufgebaut ist. Achte auf die Gruppen:

   > 変な人！ずっと**口をきかないなんて**。
   > *Henna hito! Zutto **kuchi o kikanai nante**.*

   Die fett gedruckten Zeichen kannst du im Moment noch nicht lesen. Sie bedeuten »nichts sagen« bzw. »nicht den Mund aufmachen«.

3. Finde die Zeichen in Panel 3.

   > なんか ショックを受けてるみたいね。
   > *Nanka shokku o uketeru mitai ne.*
   >
   > どうしたら 反応する のかしら。
   > *Dôshitara hannô suru no kashira.*
   >
   > トラウマを 与えないのに 気を付けなきゃ。
   > *Torauma o ataenai no ni ki o tsukenakya.*

   Die hervorgehobenen Elemente sind grammatikalische Elemente, die wir später behandeln werden: die **Partikel**.

メモ

です	sein
ね	nein? nicht wahr? (Füllwort am Satzende)
今日	heute
初めて	erstes Mal
変な	selten
人	Person
ずっと	die ganze Zeit
口	Mund
きかない	ohne zu öffnen (Mund)
なんか	so etwas wie
ショック	Schock
受ける	bekommen / erhalten
みたい	scheint
どうやって	wie
反応する	reagieren / entgegenwirken
与える	provozieren
かしら	vielleicht
気を付けなきゃ	achtgeben / vorsichtig sein

ドイツ語

1a Du bist Seiichi Nagaoka, oder? Der Neue, der heute angefangen hat ...

2a Komischer Kerl! Er hat den ganzen Tag noch kein Wort gesagt!

3a Scheint sich in einem Schockzustand zu befinden. Was kann ich tun, damit er irgendwie reagiert? Doch Vorsicht, damit er kein Trauma kriegt.

2. Steht hier dasselbe?

In einem Manga tauchen viele verschiedene Schriften auf. Besonders für Anfänger ist es oft nicht leicht, sie voneinander zu unterscheiden, da sie sehr ähnlich aussehen. Wie in jeder anderen Sprache auch gibt es im Japanischen verschiedene Schriftarten für unterschiedliche Anlässe. Da jeder Manga seinen eigenen Stil hat, sind auch die Schriftarten, die darin vorkommen, unterschiedlich.

Die Standardschriften sind diese vier hier unten sowie einige sehr ähnliche Varianten davon:

教科書体 *kyōkasho* documentos	明朝体 *minchō* formal	ゴシック体 *gothic* redonda	手書き体 *tegaki* a mano
か き く け こ	か き く け こ	か き く け こ	か き く け こ

日本風
日本語の読み方と
書き方は右から
左までです

Denk daran, dass man Japanisch **von rechts nach links** liest, also in der für uns umgekehrten Richtung, und dass die Zeilen vertikal verlaufen. Wenn der Text allerdings horizontal geschrieben ist, liest man ihn von links nach rechts.
Ein Mangaka hat relativ viel Freiheiten und kann nicht nur unterschiedliche Schrifttypen, die besser zum Stil der Zeichnung passen, benutzen, sondern auch zwischen vertikaler und horizontaler Schrift hin und her wechseln.

Neben den Standardschrifttypen werden innerhalb der Sprechblasen teilweise auch sehr runde, schnörkelige Schrifttypen verwendet. Sie sind schwieriger zu lesen und leicht zu verwechseln, aber mit etwas Übung lernst du bald, sie zu erkennen und voneinander zu unterscheiden.

Wie liest man das?
Sumimasen.
Kore wa ikura desu ka.

Was bedeutet das?
Entschuldigung.
Was kostet das? ◄──

Sieh dir diese Struktur noch einmal auf Seite 17 an.

1. Finde die Zeichen und trenne mithilfe der Vokabelliste die Wörter voneinander.

ふふ...
Fu fu ...

Da das Kana ふ (*fu*) nicht der Laut F im eigentlichen Sinne ist, sondern eine Art stimmhaftes H, findest du es in der Kana-Tabelle bei der Silbenreihe mit H.

私 の すてきな 写真 を 見たら
Watashi no suteki na shashin o mitara

絶対 に 出て来る わ
Zettai ni dete kuru wa

2. Wiederhole den Vorgang beim nächsten Panel.

ポーズ を 取っている 私 です よ～ん。
Pôzu o totte iru watashi desu yôn.

毎週 土日 は 原宿 に 行く の
Maishû donichi wa Harajuku ni iku no.

Beachte das unterstrichene Element. Zwischen den Kana よ (*yo*) und ん (*n*) steht ein Sonderzeichen. Es dient zur Dehnung der Silbe und kommt in Manga häufig vor.

3. Wiederhole den Vorgang mit Panel 4.

この	人	怖い	
kono	*hito*	*kowai*	
[Diese]	[Person]	[Angst]	→ Die Frau macht mir Angst!
何	だ	と	
nan	*da*	*to*	
[Was]	[Verb sein]	[Partikel]	→ Was hast du gesagt?

Das Verb ist hier zwar nicht »sagen«, aber die Partikel と (*to*) gibt dem Satz diese Bedeutung. Sie wird benutzt, um etwas zu zitieren, das jemand gesagt hat.

メモ

ふふ...	Ha ha!
私の	mein ... (Possessivpronomen)
すてきな	toll / cool
写真	Foto
興味を持つ	interessant
絶対	sicher
出て来る	rausgehen / ausgehen
原宿	Harajuku (Stadtteil von Tokyo)
ポーズを取る	posieren
私	ich
毎週	jede Woche
土日	Samstag und Sonntag
ぐらい	mehr oder weniger
行く	gehen
怖い	fürchterlich / schrecklich
何だと	Was hast du gesagt?

ドイツ語

1a *Ha ha! Wenn er meine coolen Fotos sieht, kommt er bestimmt raus.*

2a *Das bin ich, wie ich in Harajuku posiere! Ich gehe da jedes Wochenende hin.*

4a *Die macht mir Angst!*

4b *Was hast du gesagt?*

Finde die Zeichen und lies Panel 1 mithilfe der Vokabelliste.

まゆちゃん
Mayu-chan

はるかちゃん
Haruka-chan

けいくん
Kei-kun

In diesem Panel begrüßen sich die Personen, indem sie sich lediglich beim Namen nennen. Jeder Name hat ein Suffix (unterstrichenen Teil). Die Mädchen werden mit **-chan**, die Jungen mit **-kun** angesprochen. Das Suffix **-san** bedeutet Herr/Frau und ist eine höfliche Anrede für beide Geschlechter.

2. Wiederhole den Vorgang mit Panel 2.

あと何分出れるの？

それは長岡くんしだい

Die Namen Mayu, Haraku und Kei werden nicht mit Kanji geschrieben. Nagaoka, Seiichis Nachname, hingegen schon.

3. Wiederhole den Vorgang mit der Sprechblase 3b.

バイトの新しい仲間？
Baito no atarashii nakama?

4. Lies das Panel 4!

ええ。コレです。
Ê. Kore desu.

コレ (*kore*) ist mit Katakana geschrieben, doch es handelt sich nicht um ein Fremdwort. Hier bedeutet es »dies« (Demonstrativpronomen). Die Katakana dienen dazu, das Wort hervorzuheben, so als wäre es fett gedruckt.

メモ

ハロー	hallo
そろった	vollzählig / komplett
あと	später / danach / innerhalb von (temporal)
何分	wie viele Minuten?
出る	rausgehen / ausgehen
それ	das
バイト	Teilzeitarbeit / Studentenjob
しだい	kommt darauf an / hängt davon ab
新しい	neu
仲間	Kollege
ええ	ja
おっす	hallo
コレ	dies / das hier

ドイツ語

1a Hallo, Mayu.

1b Wir sind vollzählig.

1c Haruka!

1c Kei!

2a Wann hast du Feierabend?

2b Das hängt von Nagaoka ab.

3a Nagaoka?

3b Ist das dein neuer Arbeitskollege?

4a Ja. Das ist er.

3. Doragon Bôru? Heißt das nicht *Dragon Ball?*

Mithilfe der Katakana werden englische Wörter transkribiert und zwar so, wie sie auf Japanisch ausgesprochen werden. Beim Lesen dieser Wörter solltest du also englische Begriffe im Hinterkopf haben. Da Japanisch eine Silbenschrift ist und daher fast kein Konsonant einzeln steht, wird zwischen mehrere Konsonanten der Vokal U gestellt. Solche Wörter können daher sehr rätselhaft sein. Wenn du allerdings Englisch beherrschst, ist es ganz leicht!

Wie liest man das? *Watashi wa yôguruto ga suki desu.*

Was bedeutet das? Ich mag Joghurt.

Um solche Wörter zu verstehen, musst du also an Begriffe aus dem Englischen denken. Im Japanischen gibt es die Silben *yo* und *gu*. Aber das *R* und das *T* können nicht allein stehen, daher werden die Silben *ru* und *to* benutzt, um den Laut (rt), also zwei aufeinanderfolgende Konsonanten, darzustellen. Im gesprochenen Japanisch klingen die Vokale *u* und *o* so schwach, dass das Wort sich fast genauso wie im Englischen anhört.

Beispiele:

Dragon schreibt sich auf Japanisch ドラゴン (*doragon*). Das englische Wort *trainers*, Sportschuhe, schreibt sich トレーナーズ (*torênâzu*). Es ist ungefähr so, als würde die englische Aussprache an die in Katakana zur Verfügung stehenden Buchstaben angepasst werden.

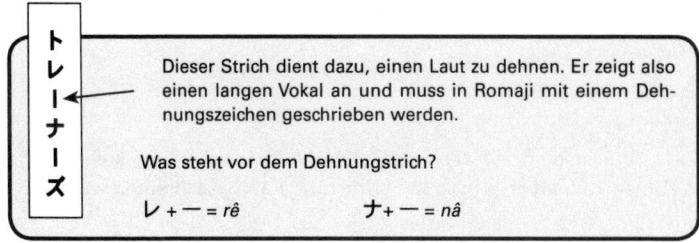

ト
レ
ー
ナ
ー
ズ

Dieser Strich dient dazu, einen Laut zu dehnen. Er zeigt also einen langen Vokal an und muss in Romaji mit einem Dehnungszeichen geschrieben werden.

Was steht vor dem Dehnungstrich?

レ + ー = *rê*　　　　　ナ + ー = *nâ*

Beispiel:

私は プレーステ が好きです。

Watashi wa purêsute ga suki desu.
purêsute = Playstation

Warum ist das so? Weil »Playstation« mit Katakana プレイステーション (purêsute-shon) geschrieben wird. Als Abkürzung benutzt man einfach das Wort プレーステ.

Fremdwörter, die aus zusammengesetzten Begriffen bestehen, werden auf Japanisch meist abgekürzt. Das Wort Computer heißt auf Japanisch zum Beispiel パソコン (*pasokon*). Das Wort kommt von *personal computer*. パーソナル・コンピュゥター (*pâsonaru konpyûtâ*). Wenn man den ersten Teil jedes einzelnen Wortes nimmt, bleibt パソ *paso* und コン *kon* übrig, also *pasokon*.

Personennamen, die im Manga vorkommen, sorgen aufgrund der Katakana häufig für Verwirrung: クリス liest man *Kurisu*, was Chris heißen soll; アリスliest man *Arisu*, also Alice.

「L」 はない

Im Japanischen gibt es kein L, daher musst du bei dem folgenden Kana besonders aufpassen:

ラ・リ・ル・レ・ロ

Benutzt man Romaji kann man wie bei dem Wort チョコレート (*chokorêto*) = Schokolade (vom Englischen *chocolate*) ein L schreiben. Mit etwas Übung und viel Lektüre wirst du die Fremdwörter bald alle erkennen.

1. Finde die Zeichen und Wörter in Panel 1!

もう 30分 そのまま **よ**

Die Zahl 30 liest man auf Japanisch さんじゅう (*sanjû*). Hier steht zwar eine Ziffer, Zahlen können aber auch mit Kana oder Kanji geschreiben werden:

30分   さんじゅう分   三十分

2. Sieh dir den ersten Satz in Panel 1 an.

もう 時間 ですよ！うちらの 番、終了なの。

Genauso wie ね (*ne*) am Satzende steht und dem Gesagten entweder einen weicheren Klang oder einen fragenden Nachklang verleiht, ist よ (*yo*) als Ausruf zu verstehen.
Auch なの (*nano*) dient zur Betonung des Gesagten, auch wenn es hier dieselbe Bedeutung hat wie das Verb である / です (*de aru / desu*) nämlich *sein*.

3. Lies das Panel 3!

プーレステ**の**新しい ゲーム　持ってる けど。

Das hervorgehobene Element ist eine **Partikel**.

4. Sieh dir die Sprechblase 4a an.

Das letzte Wort だった ist die Vergangenheitsform des Verbs *sein*. Auf die Konjugation der Verben kommen wir in Kapitel **Die Handlung im Manga** zu sprechen.

メモ

もう	schon / bereits
そのまま	wie es ist / einfach so
時間	Zeit / Uhrzeit
うちらの	unser
番	an der Reihe / Schicht / Turnus
終了	Ende
出る	hinausgehen / erscheinen / sich zeigen
プレーステ	Play (Playstation)
新しい	neu
ゲーム	Spiel / Videospiel
持っ	besitzen
やっぱり	wie erwartet / schließlich
ゲームおたく	Videospiel-Otaku

ドイツ語

1a Er liegt da schon seit einer halben Stunde so.

2a Nagaoka!! Es ist so weit!! Unsere Schicht ist zu Ende!!

2b Ich komm nicht raus.

3a Ich hab hier aber das neueste Playstation-Spiel.

4a Wusste ich's doch. Ein Videospiel-Freak!

もう３０分そのままよ。

長岡くん!!　もう時間終了なの。うちらの番ですよ!

出でない。

プレーステの新しいゲーム持ってるけど。

やっぱり。ゲームおたくだった。

1. Finde die Wörter mithilfe der Vokabelliste. Sieh dir Panel 1 genau an.

   へえ (hê) ist ein im gesprochenen Japanisch und in Manga häufig verwendeter Ausruf der Überraschung und des Zweifels.

   Denke daran, dass wir diese Partikel oder Bindewörter erst später behandeln werden.

2. Sieh dir Panel 2 an.

   僕 (*boku*) ist das Personalpronomen der 1. Person (*ich*), das Seiichi benutzt. Es wird immer mit Kanji geschrieben. Die Form オレ (*ore*), die Jungen bzw. Männer häufig sagen, wird hingegen in Katakana geschrieben. Diese unterschiedlichen Personalpronomen geben dem Satz einen etwas anderen Ton.

3. Finde die Zeichen und Worte!

   <u>はあ～ぁ</u> 人間関係 (は) つらい
   Haaa ningenkankei wa tsurai

   Das unterstrichene Wort ist eine Art Seufzer. Im Manga kommt es sowohl innerhalb als auch außerhalb der Blasen vor.

   すごいストレス だ(な)
   Sugoi sutoresu da na

4. Lies Panel 4!

   In diesem Dialog taucht ein neuer Ausruf auf:

   や～ん (*yân*). Um den Ausruf noch zu betonen, wird in der nächsten Blase コレ (*kore*) mit Katakana geschrieben.

Und die *Onomatopöie*? Lautmalerische Begriffe sind ganz einfach zu lesen!! Suche sie im 4-Panel-Strip und lies sie am besten laut vor, denn diese Onomatopöie stellen ja schriftlich dar, wie sich ein bestimmter Laut anhört.

擬音語

メモ

古い	alt
やつ	Ding / Sache / Kerl
じゃない	ist nicht
行くわ	gehen
また	noch einmal / wieder (bis morgen)
あした	morgen
僕	ich (informell, nur von Jungen gebraucht)
もう	schon
来る	kommen
から	weil / nachdem / seit
人間関係	zwischenmenschliche Beziehungen
つらい	hart
大	groß
ストレス	Stress
かわいい	niedlich / süß / toll

ドイツ語

1a Das ist ein altes *Dragon Ball-*
   Videospiel*!*

2a Na gut. Ich geh dann jetzt. Bis
   morgen.

2b Ich werde morgen nicht
   kommen.

3a Aah ... zwischenmenschliche
   Beziehungen sind echt kompliziert.

3b Das ist total stressig*!*

4a Oh, wie süß*!*

4b Was bitte schön ist denn daran süß*?!*

4. Schreibschrift und Lautmalerei

Im Manga kannst du nicht nur Texte finden, die mit dem Computer, sondern auch mit der Hand geschrieben sind. Diese handschriftlichen Textpassagen finden sich sowohl innerhalb der Sprechblasen als auch vereinzelt außerhalb davon.

Wie liest man das?

Nani yori kakkô ii janai ka, ore wa.

Druckschrift des Computers

Handschrift

Was bedeutet das?

Ich bin total cool, findest du nicht?

かっこういいじゃないか

何より…

俺はな

Onomatopöie werden auf Japanisch gewöhnlich handschriftlich geschrieben. Es gibt also so viele unterschiedliche Schriften wie Mangaka, da natürlich jeder seinen ganz eigenen Schreibstil hat und die Onomatopöie auf seine eigene Art und Weise zeichnet.

Erstickter Schreckensschrei

Klickendes Geräusch beim Auslösen der Kamera

はっ

かぁー

ニカチャ

Erröt

がんばって！

Wenn du jetzt nicht weißt, welche Kana das sind, ist das nicht weiter schlimm. Handschriftliche Texte zu lesen, ist nicht gerade einfach. Wenn du die Kana unterscheiden kannst und schon ein bisschen Übung im Lesen der 4-Panel-Strips hast, dann blättere einfach zurück. Du wirst sehen, dass es dir dann schon viel leichter fällt, die Onomatopöie und die handschriftlichen Texte zu erkennen.

Es gibt ganz unterschiedliche Onomatopöie: Zum einen stellen sie bestimmte Geräusche von Objekten dar, zum anderen beschreiben sie eine bestimmte Atmosphäre und wieder andere drücken Geräusche aus, die von Menschen produziert werden (Interjektionen).

2 Los geht's mit den Kanji

1. Was ist ein Kanji?

Kanji ist die Bezeichnung für die chinesischen Zeichen, wie sie in der japanischen Schrift verwendet werden. Sie können ganz unterschiedlich gelesen werden. Zum gewöhnlichen Sprachgebrauch zählt man 1945 Zeichen, die so genannten Jôyô-Kanji. Im Manga kommen sowohl einfache als auch komplizierte Kanji vor, je nachdem, an welches Publikum sich ein Manga richtet. In Manga für Kinder- und Jugendliche sowie in einigen *Josei*-Manga werden zumindest bei komplizierten Kanji mithilfe der Furigana deren Lesung kenntlich gemacht.

Wenn du *Seinen*-Manga lesen willst, musst du das Lesen der Kanji schon sehr ernst nehmen! Zunächst musst du verstehen, welche Funktion das Kanji hat und wie du es unter den anderen Symbolen, zwischen denen es erscheint, erkennst. Doch das Unterscheiden zwischen einem Kanji und einem Kana allein reicht noch nicht aus. Du musst auch wissen, wo ein Wort beginnt und wo es endet.

| 英雄 | 騎士 | 伝説 |
| えいゆう | きし | でんせつ |

Die Legende des heldenhaften Ritters

漢字とかな

Doch wie weiß man bei so vielen Kanji, wo ein Wort anfängt und wo es aufhört?

Bis jetzt bist du noch auf die Vokabelliste angewiesen, doch allmählich bekommst du ein wenig Übung beim Lesen der Kana, denn der Kontext und die Panels helfen dir dabei. In der Vokabelliste findest du die einfachen und zusammengesetzten Kanji auf dieselbe Weise, wie du bislang dort die Wörter der Dialoge gefunden hast.

Als Erstes musst du die Kanji intensiv lernen, denn in den kommenden Abschnitten stehen die Kanji zusammen mit den Hiragana, den Partikeln, den Verb-Endungen und anderen Elemente. Diese Elemente werden hier Schritt für Schritt erklärt und kommen in den 4-Panel-Strips zur Anwendung.

1. Lies die Panels und finde die entsprechenden Wörter. Sieh dir anschließend die Kanji genauer an.

世 (*yo*) und 中 (*naka*) sind einfache Kanji. 中 (*naka*) ist darüber hinaus auch ein Radikal. 怖い (*kowai*) ist ein Adjektiv, das aus einem Kanji und einem Kana zusammengesetzt ist. Das *i* wird konjugiert. Im Japanischen werden Adjektive wie Verben behandelt und entsprechend konjugiert.

2. Sieh dir den ganzen Satz an!

> しっかり<u>しろ</u>。 この世 (の) 中 (に) (は) 怖い もの なんて <u>ない</u> (さ)。
> *Shikkari shiro. Kono yo no naka ni wa kowai mono nante nai sa.*

Das letzte hervorgehobene Element ist eine Partikel, die im Manga häufig vorkommt. Sie wird von männlichen Personen benutzt und zeigt das Satzende an. Die anderen hervorgehobenen Zeichen sind **Verben**.

> しろ (*shiro*)　　Imperativ des Verbs machen
> ない (*nai*)　　negative Präsens des Verbs haben

3. Sieh dir das folgende Panel an!

食べりゃ (*taberya*) ist eine konjugierte Form des Verbs essen. Der **Wortstamm** ist das Kanji 食 und die Kana sind der Teil, der beim Konjugieren verändert wird, also die **Flexion**. Denk daran, dass die Adjektive wie Verben behandelt werden und ebenfalls konjugiert werden.

4. Sieh dir die drei übrigen Kanji an. Es handelt es sich um konjugierte Verben.

見た (*mita*), 払いなさい (*harainasai*), 驚かしちゃった (*odorokashichatta*).

Die fett gedruckten Zeichen zeigen jeweils die Flexion der Verben an. Wenn du das Kapitel **Die Handlung im Manga** erreichst, wirst du wissen, welche Zeit oder welchen Modus diese Zeichen, die auf Japanisch *Okurigana* heißen, anzeigen.

5. Sieh dir die **Zahl** in Panel 4 genauer an.

Neben ihr stehen **Furigana** damit du weißt, wie du sie lesen musst, obwohl das im Manga normalerweise nicht der Fall ist. Um die Zahlen zu lernen, schlag im Kapitel **Die Ausdrucksweise im Manga** nach.

メモ

しっかりしろ	sei stark / komm schon
この世の中	in dieser Welt
ない	es gibt kein / es gibt nicht
ほら	Sieh mal! / Hör mal! / Guck mal!
チョコレート	Schokolade
コーチ	Trainer
食べる	essen
エネルギー	(Phys.) Energie
作る	hervorrufen / erzeugen
できる	können / fähig sein / möglich sein
テレビ	Fernsehen
見る	sehen
うまい	lecker / köstlich
どうも	danke (Abk. für dômo arigatô)
ちゃんと	ordentlich / gründlich
払う	bezahlen
驚かす	erschrecken

ドイツ語

1a Na komm schon. In diesem Leben braucht man doch keine Angst zu haben.

2a Hier, Schokolade. Mein Trainer sagt immer, dass sie ordentlich Energie gibt.

3a Das ist doch die, für die im Fernsehen immer Werbung gemacht wird, oder? Lecker, danke.

4a Wie »danke«?! Die kostet 200 Yen! Die musst du bezahlen, wie jeder andere auch.

4b Jetzt hast du ihn schon wieder erschreckt.

1. Lies den 4-Panel-Strip und lerne die Vokabeln, damit du die Bedeutung der Sätze verstehst.

Zwei Worte sind sich in Katakana sehr ähnlich:

ケーキ	kêki
クッキー	kukkî

Achte auf die Ähnlichkeit der Kana ク (ku) und ケ (ke) und verwechsle sie nicht! Der **Dehnungsstrich** dient wie der Begriff schon sagt zur Dehnung des Vokals. In Romaji geschrieben steht ein Längungsstrich über dem Vokal.

2. Sieh dir die Kana und die dazugehörigen Furigana an.

Achte auf den Ausdruck お茶しませんか (ocha shimasen ka).

お茶 (ocha) bedeutet Tee, aber der Ausdruck wird häufig für »ausgehen, etwas trinken gehen« benutzt. Vor dem Kanji steht ein Kana: お (o). Hierbei handelt es um ein Präfix, das Höflichkeit, Respekt und Bescheidenheit ausdrückt.

3. Sieh dir die lautmalerischen Begriffe an.

う～ぅ
(u Längungsstrich + u)
Uuuh

Es stellt das Geräusch eines leisen Weinens dar und wird mit Hiragana geschrieben. Es handelt sich hierbei um einen menschlichen Laut. Zwar gibt es diesbezüglich keine strengen Regeln, doch Interjektionen wie Schreie, Seufzer, Bibern, Weinen usw. werden meist mit Hiragana und nicht-menschliche Geräusche mit Katakana geschrieben. Die lautmalerischen Begriffe in den 4-Panel-Strips werden nicht übersetzt.

4. Sieh dir die letzte Sprechblase an.

Nach dem Kana steht eine Folge von Symbolen ～～～. Das ist der Längungsstrich, der zwischen zwei Hiragana benutzt wird, um einen Vokal zu verlängern. Im Manga taucht er relativ häufig auf, wenn jemand weinerlich oder stockend spricht.

メモ

みんなで	miteinander / gemeinsam
お茶	Tee
お茶しませんか	Gehen wir einen Tee trinken?
ケーキ	Kuchen
クッキー	Kekse
食べたい	Ich will etwas essen!
うん	ja
一緒に来ない	Kommst du nicht mit?
かれ	er
嬉し泣き	vor Freude weinen / Freudentränen
かわいい	niedlich / süß / reizend
いたい	Schmerzen / wehtun / Aua!
足	Bein
しびれる	einschlafen / gefühllos werden / hin und weg sein

ドイツ語

1a. Gehen wir zusammen noch was trinken? Ich hätte Lust auf Kaffee und Kuchen.

1b Ja, los, gehen wir.

2a Hey, Nagaoka, kommst du mit?

2b Der?

3a *Er weint vor Freude! Wie süß!*

4a *Aua!*

4b Mein Bein ist eingeschlafen!

1. Lies den 4-Panel-Strip. Achte auf den Titel von Harukas Manga, der in Anführungszeichen gesetzt ist.

「クリーミー彼達^{ボーイズ}」

In diesem Titel werden Kanji und Kana kombiniert. Die Leseart der Kanji lautet か れたち (*karetachi*), aber die Furigana entsprechen nicht der Kanji-Lesung, sondern tragen hier die Bedeutung, die Haruka dem Wort geben will, nämlich *Creamy Boys*.

2. Sieh dir die Satzstruktur in der ersten Sprechblase von Panel 4 an (4a).

やおいの同人誌	なん だ もん。
Yaoi no dôjinshi	*nan da mon*
[ein Yaoi-Dôjinshi]	[sein]

Die Satzstrukturen haben wir bisher noch nicht behandelt. Daher kennst du die Verbformen である (*de aru*) und だ (*da*) noch nicht, doch sie kommen in Manga sehr häufig vor, daher ist es wichtig, dass du sie verstehst.

Nan da mon = nan <u>desu</u> mon
Verb

Mithilfe dieser Struktur kann man dem Verb *sein* in seiner informellen Form eine ungezwungene Nuance geben.

ヤオイ

Was ist ein Yaoi-Dôjinshi? Man spricht im Allgemeinen von **Yaoi**, wenn man sich auf Manga mit homosexuellen Themen bezieht. Bei einem Dôjinshi handelt es sich ausschließlich um Manga für Fans, die vor allem in Fanzinen, sogenannten Dôjinshi, publiziert werden. Es gibt verschiedene Genre, doch häufig werden als Dôjinshi Parodien erfolgreicher Serien veröffentlicht, die den Serienhits einen erotischen Touch verleihen. Außerdem werden homosexuelle oder bisexuelle Beziehungen behandelt. Der Begriff Yaoi stammt von den japanischen Ausdrücken 「やまなし、オチなし、いみなし」, die wie folgt gelesen werden: *yama nashi, ochi nashi, imi nashi* (ohne Intrigen, ohne Anmut, ohne Interesse). Heutzutage meinen die meisten Mangaleser *Shônen-Ai*-Serien bzw. BL-Serien (*Boys Love*), wenn sie von *Yaoi* sprechen. In Harukas *Dôjinshi* sind romantische Beziehungen zwischen Jungen das Thema.

メモ

なんで	warum?
そんなに	so / so viel / besonders
撮る	fotografieren
写真	Fotos
同人誌	Fanzine
描く	zeichnen
タイトル	Titel
クリミー	cremig
彼達	sie (3. Person Plural)
でも	aber
みんな	alle
って言う	zeigt ein Zitat an
いい	gut
主人公	Protagonist
なれる	werden zu / sich verwandeln
きっと	gewiss / sicherlich / auf jeden Fall
本当に	wirklich / in der Tat / echt
思う	denken / meinen / glauben

ドイツ語

1a. Warum fotografiert sie so viel?

2a Haruka zeichnet gerade ein Dôjinshi.

2b Der Titel lautet *Creamy Boys*. Aber alle nennen ihn »Kuribo«. Du wärst bestimmt ein prima Hauptdarsteller.

3b Eeecht?! Findest du das wirklich?

4a Es ist ein Yaoi-Dôjinshi.

4b ...

2. Auf den Spuren der Kanji

Wenn du Manga lesen willst, ist es wichtig, dass du lernst, wie du Kanji im Wörterbuch nachschlagen kannst, und dass du sie dir einprägst. Du musst daher auf die einzelnen Bestandteile eines Kanji achten. Das **Radikal** zeigt dir die Bedeutung oder die Aussprache eines Kanji an. Es zeigt dir auch, zu welcher Kanjigruppe es gehört. Sobald du das Radikal kennst, kannst du es an der richtigen Stelle im Wörterbuch nachschlagen. Auf Seite 156 empfehlen wir dir ein Kanji-Wörterbuch

Achte auf die folgende **Klassifikation**. Dies sind die wichtigsten Radikale:

人 口 日 月 目 耳 女 子 田 山 川 水 火 車 門

a) Kanji mit einzeln stehendem Radikal
– Kanji mit zwei Ebenen

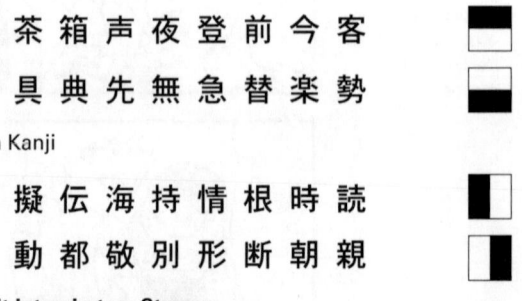

茶 箱 声 夜 登 前 今 客

具 典 先 無 急 替 楽 勢

– Säulen Kanji

擬 伝 海 持 情 根 時 読

動 都 敬 別 形 断 朝 親

b) Kanji mit integriertem Stamm
– Bei diesen Zeichen erstreckt sich das Radikal über mehrere Bereiche.

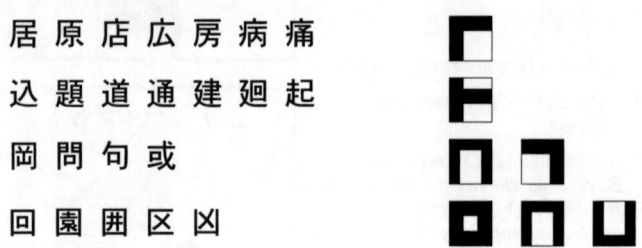

居 原 店 広 房 病 痛

込 題 道 通 建 廻 起

岡 問 句 或

回 園 囲 区 凶

– Bei diesen Zeichen wird das Radikal wiederholt.

森 品 弱 羽

Da die Form des Radikals von seiner Position innerhalb des Kanji abhängt, kann es sein, dass du Kanji mit einem Radikal findest, das den aufgelisteten Radikalen nicht ähnelt.

> **音読み・訓読み**
>
> Es gibt die sinojapanische (*onyomi*) und die japanische (*kunyomi*) Lesung der Kanji. Je nach Art des Wortes greift entweder die **On**- oder die **Kun**-Lesung.

- Wenn ein Kanji allein ein ganzes Wort bildet oder Okurigana angehängt sind, greift meist die **Kun**-Lesung.
- Zusammengesetzte Kanji liest man in **On**-Lesung.

Die Kanji können verschiedene japanische Lesarten aufweisen. Wieder andere sind eine Kombination aus **On**- und **Kun**-Lesung. In einem Panel kann daher ein und dasselbe Kanji unterschiedlich gelesen werden bzw. ausgesprochen werden, je nachdem, zu welchem Wort es gehört.

Kun-Lesung: ひと (*hito*)
On-Lesung: ニン (*nin*) ・ ジン (*jin*)

Beispiele:
人　　 (*hito*) Person, Mensch, Mann [4-Panel-Strip Nr. 2]
人間　 (*ningen*) menschliches Wesen [4-Panel-Strip Nr. 6]

Kun-Lesung: みず (*mizu*)
On-Lesung: スイ (*sui*)

Beispiele:
水　　 (*sui*) Wasser [4-Panel-Strip Nr. 10]
水泳　 (*suiei*) das Schwimmen [4-Panel-Strip Nr. 13]

1. Lies den 4-Panel-Strip und schlage die Vokabeln nach, um den Dialog zu verstehen.

Sieh dir das Adjektiv つまんない (*tsumannai*) genauer an. Um dem Gesagten eine gewisse Nuance zu verleihen, werden manche Wörter häufig so geschrieben, wie sie die Figur aussprechen würde, selbst wenn die Wörter eigentlich ein bisschen anders geschrieben werden. Die korrekte Schreibweise des Adjektivs wäre つまらない.

2. Sieh dir die Kanji an.

Vergleiche ihre Struktur mit dem, was du in den vorherigen Lektionen gelernt hast.

Im letzten Panel taucht ein und dasselbe Radikal in den zwei verschiedenen Kanji 水 und 泳 auf. Selbst wenn du die Bedeutung des zweiten Kanji nicht kennst, kannst du sie dir, wenn du weißt, dass das Radikal »Wasser« bedeutet, ableiten. Trotzdem sieht das Radikal unterschiedlich geschrieben aus, was damit zusammenhängt, dass es an unterschiedlichen Positionen steht.

水 → 氵 → 泳

Aus dem Kontext heraus erhältst du weitere Hinweise. Auf dem Schild steht プール (*pûru*), das sich vom Englischen Wort *pool* ableitet.

3. Sieh dir das Plakat in Panel 4 an.

Auf die Wortform 泳ぎましょう in der Vokabelliste werden wir in einem späteren Kapitel noch genauer eingehen. Sie wird benutzt, wenn man einen Vorschlag artikulieren möchte: »Lass uns schwimmen gehen.«

In Panel 1 gibt es ebenfalls Verben dieser Form: 遊ぼう und 行こう.

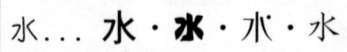

水... 水・水・水・水

Vergiss nicht, dass je nach Schrifttyp ein Kanji unterschiedlich aussehen kann. Nach und nach wirst du lernen, diese Schrifttypen zu unterscheiden.

メモ

遊ぼう	lasst uns Spaß haben
飲みに行く	etwas trinken gehen
さけはだめ	ich trinke keinen Alkohol
なーんだ その態度！	Woher kommt denn diese Einstellung? / Wieso das denn?
つまんない	langweilig
コラ	Coca Cola
炭酸	mit Kohlensäure
ドリンク	Getränk
飲む	trinken
腹をこわす	das bekommt mir nicht
紅茶	Tee
にがい	bitter
水	Wasser
も〜	Menno!
水といえば	wenn man von ... spricht
いっぱい	voll
それじゃ！	bis bald! / bis zum nächsten Mal!
市民	Bürger / zivil
プール	Schwimmbad
泳ぐ	schwimmen

ドイツ語

1a Lasst uns Spaß haben und was trinken gehen!

1b Mayu!

1c Ich trinke keinen Alkohol.

2a Wieso das denn? Wie langweilig ...

2b Dann bestell dir doch 'ne Cola.

2c Getränke mit Kohlensäure bekommen mir nicht.

3a Wie wär's mit Tee?

3b ... ist mir zu bitter. Lieber Wasser.

3c Wasser?

4a Hier hast du so viel Wasser, wie du willst. Tschüss!

1. Lies den 4-Panel-Strip mithilfe der Vokabelliste.

Achte auf folgende Kanji:

参考資料　　趣味

Normalerweise stehen die Furigana immer direkt neben dem Kanji. Da der Platz jedoch begrenzt ist, kommt das manchmal nicht so genau hin (wie das bei 資料 der Fall ist).

Hier stehen die Furigana direkt neben dem Kanji:

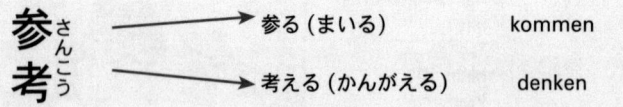

Hier ist das nicht der Fall:

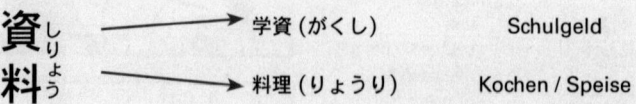

In Sprechblase 2 von Panel 2 stehen die Furigana wieder direkt neben dem Kanji:

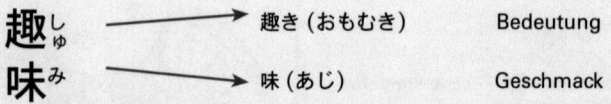

Sind die Furigana Teil eines Verbs oder eine Periphrase oder stehen sie einzeln da, greift die japanische Lesart (Kun-Lesung), die hier jeweils in Klammern angegeben sind.

Achte auf folgende Kanji (Panel 2 und 3)

乗馬
新宿駅

Vergleiche diese Kanji miteinander. Das erste wird *uma* gelesen und bedeutet Pferd. Das zweite liest man *eki* was Bahnhof bedeutet. Das linke Radikal des Kanji *eki* ist das Kanji von *uma*. Das rechte Radikal ist eine japanische Maßeinheit und wird *shaku* gelesen.

メモ

リアルアップ	realistischer machen
するように	mit dem Ziel …
参考資料	Nachschlagewerke / Referenzmaterial
集まる	sammeln / sich versammeln
何についてなんですか	worum geht's?
ん～とね	also …
まだ	noch / immer noch / erst
キャラデザ	Modellzeichnung von Figuren
しかやってない	nur (ich habe …) / nicht mehr als (… gemacht)
大金持ち	Millionär
趣味	Hobbys
ゴルフ	Golf
乗馬	Reiten
ルンペン	Vagabund / Landstreicher
新宿駅	Bahnhof Shinjuku
寝る	schlafen
やつ	Alter / Typ / Kerl
それでね	Und dann …
恋愛関係	Liebesbeziehung
も	auch
ある	es gibt
それに	darüber / darüber hinaus
しらないままで	ohne es zu wissen / unwissend
兄弟	Brüder

ドイツ語

1a Ich brauche Belege, damit mein Dôjinshi superrealistisch wird!

2a Wo... Wovon handelt es denn?

2b Bisher hab ich nur die Figuren skizziert. Akira ist ein Millionär, der gern Golf spielt und reitet …

3a … und Osamu ein armer Landstreicher, der am Bahnhof Shinjuku pennt.

4a Sie sind ein Liebespaar – aber das wissen sie noch nicht – und sie sind Brüder!

4b »Superrealistisch …«

3. Sieh dir die Kanji an, um sie besser unterscheiden zu können!

Bestimmt hast du schon gehört, dass die Kanji eine Art Skizze des Objekts, das sie bezeichnen, sind. Das ist aber nicht immer so! Es gibt Kanji, die ursprünglich einmal Gegenstände darstellten, so als wären es Abzeichnungen. Im Laufe der Zeit haben sich diese Kanji allerdings verändert und sind heute kaum noch als solche zu erkennen. Da du ja bereits weißt, wie man ein Kanji erkennt, kannst du nun, wenn du es der richtigen Gruppe zuordnest, viele Hinweise darauf finden, was es heißen könnte.

Kanji-Kategorien

Kanji, die ursprünglich **Zeichnungen** waren (Piktogramme).

入	reingehen	戸	Tür	手	Hand	心	Herz
米	Reis	羽	Flügel	鳥	Vogel	魚	Fisch
犬	Hund	羊	Schaf	牛	Rind	馬	Pferd
弓	Bogen	矢	Pfeil	肉	Fleisch	虫	Insekt

人・木・・・体 → Das erste Kanji (Mensch) verändert sich, wenn man es mit dem zweiten (Baum) kombiniert. Das aus diesen beiden Kanji – Mann und Baum – zusammengesetzte Kanji heißt »sich ausruhen, sich erholen« (der Mann neben dem Baum). Zu dieser Wortfamilie gehörende Ableitungen (Derivate) sind zum Beispiel 休む (sich ausruhen), 休憩 (Pause) 連休 (Ferien) und viele andere.

Kanji, die eine **Idee** auszudrücken (Ideogramme).

上   Oben, weil sich der kurze Strich über dem langen befindet.

下   Unten, weil sich der kurze Strich unter dem langen befindet.

中   Inneres (innen), mittig, weil die vertikale Linie zentral durch die Mitte geht.

本   Wurzel, Ursprung, weil der kurze Strich auf die Wurzel des Baumes zeigt.

果   Frucht, weil es ein Früchte tragender Baum ist.

好   Lieben, weil es die Frau und das Kind vereint.

安   Ruhe, die Frau im Haus.

休   Ausruhen, ein Mann neben einem Baum.

東   Osten, weil die Sonne hinter den Bäumen steht.

明   Glänzend, weil man Sonne und Mond sieht.

夕   Dämmerung, Abendstunde, weil der Mond erst halb aufgegangen ist.

鳴   Singen, weil sich der Mund neben einem Vogel befindet.

Viele der Kanji, die im Manga vorkommen, stammen aus dieser Gruppe.

4. Kombination aus Furigana und Katakana

Im Manga werden viele Begriffe in Katakana und nicht in Hiragana geschrieben: In diesen Fällen handelt es sich um eine Transkription englischer Begriffe. In einem SF-Manga kann der Begriff »Plasma-Kanone« in Kanji geschrieben sein, aber in der Silbenschrift würde das Äquivalent in Katakana geschrieben sein oder der Name, den der Autor dem betreffenden Gegenstand hätte geben wollen, auftauchen.

ふりがなとカタカナ

In der Serie *Gundam* taucht ein Schiff namens 魚雷艇 auf. Das Furigana lautet aber アタッカー (*attacker*). Wenn du die Kanji nicht findest, wirst du nicht darauf kommen, dass es *gyoraitei* (Torpedoboot) gelesen wird. Den Namen, den der Autor dem Schiff geben will, nämlich *Attacker*, können wir uns hingegen problemlos merken.

In *xxxHOLIC* gibt es eine Figur namens Dômeki. Neben diesem Namen taucht die Transkription in Katakana auf: 百目鬼 (ドウメキ)

Auf dieses Hilfsmittel wird im Japanischen auch zurückgegriffen, wenn man mithilfe von Synonymen das Lesen komplizierter Kanji und das Verständnis des Konzepts, das ein Kanji ausdrückt, vereinfachen will. Wie zum Beispiel bei dem Begriff モノ (Wesen, Mensch), der im Zusammenhang mit übernatürlichen Erscheinungen als 存在 (そんざい) gelesen wird und dann Existenz, Sein oder Dasein bedeutet.

1. Lies den 4-Panel-Strip und sieh dir anschließend Panel 1 genauer an.

Der Begriff 合気道 (*aikidô*) ist aus drei Kanji zusammengesetzt. Es ist klar zu sehen, wo der Begriff anfängt, aber nach ihm stehen noch weitere Kanji. Nach 練習 (*renshû*) steht ein Hiragana. Dies ist eine Partikel. Daher wissen wir, dass 合気道練習 (*aikidô renshû*) eine Wortgruppe ist.

2. Beachte die Kanji in Panel 2 und die Elemente, die darin vorkommen.

今日の	Partikel
オレの	Partikel
気は	Partikel
特に	Partikel
強かった	Flexion des Adjektivs (Verg.)
先生が	Partikel

3. Wiederhole dieselbe Übung mit Panel 3.

気合を	Partikel
練習して	Verb in der *te*-Form
気は	Partikel
気を	Partikel
ぐっと 戦って	Partikel / Verb

メモ

今日	heute
どうだった	Wie war's?
合気道練習	Aikidô-Training
ある	haben
そうそう	ja
すごい	toll / wahnsinnig / großartig
気	Energie, ki
得に	besonders
強い	hart / stärk / zäh
先生	Meister
言う	sagen
練習する	üben / trainieren
ぐっと	in einem Zug / kräftig / fest
戦う	angreifen
つまらない	langweilig
なら	wenn (konditional)
聞く	fragen

ドイツ語

1a Und wie war's heute, Kei? Du hattest doch Aikidô-Training, oder?

1b Ja, genau! Wie war's?

2a Super! Mein Meister sagt, dass mein Ki heute besonders stark war ...

3a ... und wir alle haben Ki-übungen gemacht ...

4a Wenn's euch nicht interessiert, warum fragt ihr dann überhaupt erst?

1. Lies den 4-Panel-Strip anhand der Vokabelliste, um die Kanji zu verstehen.

Im zweiten Panel ist das dritte Kanji mit einem Stern markiert.

– Es handelt sich um das Kanji mit der Bedeutung »Rad, Wagen, Fahrzeug«.
– Die On-Lesung ist *sha*, aber die Kun-Lesung lautet *kuruma* (Auto).
– Der aus drei Kanji bestehende Begriff muss also etwas mit Rädern, einem Fahrzeug oder mit Transport zu tun haben.

2. Sieh dir das folgende Wort an:

じ てんしゃ
自転車

– Das erste Kanji bedeutet »selbst«, »Auto-«. Das deutet daraufhin, dass das Fahrzeug keinen Motor hat, also sich von selbst bewegt.
– Das zweite Kanji besteht aus zwei Teilen, das Radikal befindet sich links (転).
– Das Radikal wird aus dem Kanji 車 gebildet und um ein zusätzliches Element erweitert, das uns anzeigt, dass die Bedeutung des Kanji etwas mit Rotation zu tun hat.

Das Wort heißt »Fahrrad«.

3. Achte auf Seiichis Sprechblase in Panel 4.

Nein, nicht das hier! Es steht im 4-Panel-Strip!

Denk daran, was du über die Katakana gelernt hast:
プレーステ (*purêsute*) ist die Abkürzung von Playstation. Die Japaner benutzen diese Abkürzung, wenn sie von dieser Konsole sprechen.

メモ

スポーツ	Sport
こと	Ding / Sache
合気道	Aikidô
意外に	abgesehen von / außer
たくさん	viele
やっている	ich mache (Abk. やってる)
自転車	Fahrrad
ダンベル	Hanteln
水泳	Schwimmen
どんな	welche Art von
親指	Daumen

ドイツ語

1a Sport ist gut! Neben Aikidô mach ich noch andere Sportarten.

2a Radfahren, Hanteln stemmen, Schwimmen ...

3a Was für Sport machst du? Was trainierst du?

3b Das hier!

4a Die ... Daumen?

4b Playstation!

1. Achte auf die Sprechblase 1b.

Was Seiichi da sagt, ist kein vollständiger Satz. Erst stottert er, dann beginnt er einen Satz mit 僕は (*boku wa*). 僕 bedeutet »ich« und die Partikel は kennzeichnet in diesem Fall das Subjekt.

2. Sieh dir den folgenden Text an: 「クリーミー彼達」

Es ist der Titel von Harukas Manga, den wir auf Seite 36 vorgestellt haben. Auf der vorherigen Seite haben wir euch daran erinnert, warum das Furigana in Katakana steht. Der Titel steht zudem in Anführungszeichen: Die **japanischen Anführungszeichen** sind 「 (Anführungszeichen oben) und 」 (Anführungszeichen unten).

3. Achte auf die Lautmalerei: カチャ

Achte auch auf die **Onomatopöie**. Sie können sehr lustig sein und sind oft der Schlüssel zum Verständnis des Bildes. Mit カチャ (*kacha*) wird hier das Klicken des Fotoapparats lautmalerisch dargestellt.

Blättere noch einmal zu den vorigen 4-Panel–Strips zurück und achte dieses Mal auf alle Onomatopöie, die du vorher vielleicht überlesen hast.

4. Sieh dir Panel 4 an.

Die beiden Ausdrücke werden in der Vokabelliste zusammen aufgeführt. Die Elemente stehen nicht einzeln, weil sie eine komplizierte Struktur darstellen, die wir später behandeln werden.

Achte zunächst auf die Punkte, die neben den Kana des Namens Kei けいくん (*Kei-kun*) stehen. Diese Punkte sind bereits einmal aufgetaucht. Sie dienen dazu, ein Wort **hervorzuheben**, so als würde der Sprecher sie Silbe für Silbe aussprechen.

メモ

今度	bald / dieses Mal / das nächste Mal
一緒に	zusammen
スポツをやろうな	Lass uns Sport machen!
使う	benutzen
いいな	wie gut
子供見たいね	wie ein Baby
変なこと	merkwürdige Sachen / seltsames Ding
考える	denken
にちがいない	zweifellos / ohne Zweifel
楽しませる	genießen
さすが	es ist klar, dass / selbstverständlich

ドイツ語

1a Wir könnten irgendwann mal zusammen Sport machen.

1b Ja ... gut ... ich ... ähm ...

2a Ein Foto für die *Creamy Boy's!*

3a Ha ha! Toll, prima!

3b Sie benimmt sich wie ein Baby.

3c Obwohl sie bestimmt komische Sachen denkt.

4a *Ich werde dich heiß machen.*

4b *Du bist ein richtiger Mann, Kei.*

DER DIALOG IM MANGA

❶ Satzbau im Manga!

In den meisten Manga sowie vielen japanischen Texten findest du Sätze mit einfachem Satzbau, die wir in diesem Kapitel behandeln werden. Alle Sätze haben eine Grundstruktur, die dann durch Wortgruppen (Syntagmen und Nebensätze) oder durch Komplemente erweitert werden. Auf den ersten Blick kann ein Satz sehr kompliziert erscheinen, wenn du ihn aber in seine Bestandteile zerlegst, wird es leichter, ihn zu verstehen.

Zuerst musst du immer nach dem **Subjekt** (die handelnde Person) suchen und das **Verb** (die Handlung) ausfindig machen. Anschließend kannst du dir dann die einzelnen Komplemente ansehen. Um die Worte zu verstehen, nimm die Vokabellisten (メモ) und die übersetzten Texte (ドイツ語) zu Hilfe.

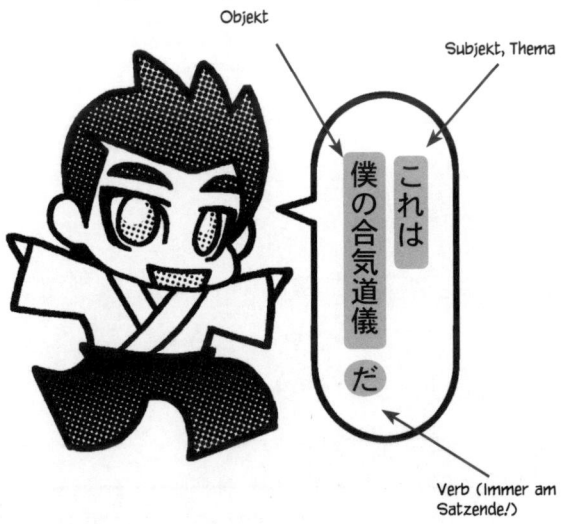

Objekt

Subjekt, Thema

これは
僕の合気道儀
だ

Verb (Immer am Satzende!)

Wie liest man das?
Kore wa boku no aikidô-gi da.

Was bedeutet das?
Dies ist mein Aikidô-Anzug.

Bei dieser Satzkonstruktion steht das Verb です (*desu*) an letzter Stelle:

[Dies]	[ein Manga]	[ist]
これは	マンガ	です。
Kore wa	*manga*	*desu.*

In den folgenden 4-Panel-Strips werden verschiedene Satzkonstruktionen vorkommen. Damit du die Dialoge gut verstehen und die grammatikalischen Strukturen erkennen kannst, gibt es eine Übersetzung zu jedem einzelnen Panel. Lies die deutschen Texte und vergleiche sie mit den Schemata, die in den folgenden Kästchen erklärt werden.

> Warum ist die **Satzstruktur** so wichtig? Die Satzstruktur ist wichtig, weil sie dir wertvolle Hinweise dafür liefert, über was gesprochen wird. Du kannst so herausfinden, ob jemand Informationen weitergibt, etwas adjektivisch beschreibt oder über eine Handlung spricht ...

日本語の文系

1. Satzarten

TYP A: Ich bin Mayu.

A	が/は	X	だ/です。
わたし	は	まゆ	です。
Watashi	*wa*	*Mayu*	*desu.*

だ・です

だ (*da*) ist die informelle bzw. umgangssprachliche Präsensform des Verbs である (*de aru*, sein). です (*desu*) ist die höfliche Form im Präsens, auch *masu*-Form genannt. Im Manga findet man meist die informelle Form, doch je nach Sprecher können auch andere Sprachstile vorkommen.

Bisher hast du die folgende Struktur kennengelernt ...

4-Panel-Strip Nr. 1   これ は いくら です か。
                        Kore wa ikura desu ka.

注意!
か (*ka*) ist eine Fragepartikel und dient dazu, aus einem Aussagesatz einen Fragesatz zu bilden.

4-Panel-Strip Nr. 7   200円   だ   わ。
                          Nihyaku-en   *da*   *wa.*
              [(A は)   X   だ]

Auch wenn es auf den ersten Blick nicht so aussieht, ist diese Struktur dieselbe wie in dem vorherigen Beispiel, nur ohne Subjekt, das in diesem Falle einfach weggelassen worden ist. Das in Klammern gesetzte Element ist der weggelassene Teil.

注意!
わ (*wa*) ist eine Partikel, die dem Satz einen ungezwungenen Ton verleiht.

Stell dir folgenden Satz vor:

        (チョコレートは)   200円   だ   わ。
        Chokorêto wa   *nihyaku-en*   *da*   *wa.*
        [A   は   B   だ]

Auch wenn das Subjekt erscheint, bleibt die Satzstruktur dieselbe wie in dem oberen Kasten. Im Manga kommt es häufig vor, dass das Subjekt oder das Thema fehlen, da sie in einem Gespräch schon vorausgesetzt werden. Denk immer daran, dass im Manga die Dialoge vorherrschend sind. Manchmal weißt du weder, wer spricht, noch worüber gesprochen wird. Es gibt aber immer Elemente, die dir dabei helfen, genau das herauszufinden. Zu diesen Elementen zählen die Art des Redestils, der Zusammenhang oder auch ganz einfach grafische Elemente (wie die Form der Sprechblase oder der Schrifttyp).

TYP B: Haruka ist da.

A	が	いる・ある
はるか	が	いる
Haruka	*ga*	*iru*

Oder zum Beispiel: Da ist ein Buch.

A	が	いる・ある
ほん	が	ある
hon	*ga*	*aru*

Diese Struktur kam bislang in folgendem 4-Panel-Strip vor:

4-Panel-Strip Nr. 11	恋愛関係	が	あるの。
	Renai kankei	*ga*	*aru no.*

注意！
In der Regel ist の (*no*) eine Partikel, in diesem Fall ist sie jedoch eine Interjektion. Im Manga wird の als Interjektion vor allem von Kindern und Frauen benutzt. Auch im realen Leben wird es in dieser Funktion von kleinen Kindern und Mädchen angewendet. Doch sie kann auch dafür benutzt werden, um beispielsweise den Ton einer Frage abzumildern.

メモ

合気道練習	Aikidô-Training
連れて来る	jmd. mitbringen
楽しみしている	Lust haben auf …
はず	sollte / müsste
心を開く	(das Herz) öffnen / sich öffnen
ために	für …
一番	der / die / das Beste
楽しみ	es wird lustig sein / werden
ロッカー	Schließfach
中	innen / drinnen / Innenseite
いる	sein / sich befinden / existieren

人がいる entspricht der Struktur des **Satztyps B**. Siehe Seite 58.

長岡くんを合気道練習に連れて来たね〜

楽しみにしているはずだ。彼の心を開くためには一番だな

楽しみだな。

ドイツ語

1a *Ich hab's geschafft, Nagaoka zum Aikidô-Training mitzuschleppen.*

2a *Das müsste ihm Spaß machen. Genau das Richtige, um ihn ein wenig aufzutauen.*

3a *Das wird lustig!*

3b *Uaaah!*

4a *Da sitzt ein Typ in meinem Schließfach!*

4b *Uff …!*

ロッカーの中に人がいる！

TYP C: Der Lehrer spricht.

A	は/が	Vb.
先生	が	話す
Sensei	*ga*	*hanasu*

Diese Struktur kam bislang in folgendem 4-Panel-Strip vor:

4-Panel-Strip Nr. 9   はるかちゃんは今同人誌を描いている。

Haruka-chan wa [ima] [dôjinshi o] kaite iru.

注意！

Diese Struktur funktioniert sowohl mit der Partikel が (*ga*) als auch mit は (*wa*). Die Elemente in den eckigen Klammern sind Komplemente, die die Grundstruktur ergänzen. Oft hängt der Gebrauch von が (*ga*) und は (*wa*) in dieser Art von Satzbau davon ab, welches Element des Satzes hervorgehoben werden soll. Die Bedeutung des Satzes ändert sich, wenn die Partikel verändert werden. Es ist nicht dasselbe, ob man ein Element zum Thema (Objekt) oder zum Subjekt der Handlung macht.

メモ

敵	Feind
力	Kraft
利用する	benutzen / verwenden
倒す	umwerfen / um-stoßen / besiegen
ほら	Hör mal! / Sieh mal!
生徒	Schüler (Mittel- und Highschool-Schüler)
先生	Lehrer / Meister
攻撃している	er greift an
それで	und dann / deshalb / daher
すごい	toll / unglaublich / unheimlich / schrecklich
でも	aber
エネルギーバー	Energiesäulen-anzeige
え？	was?
おてんば	Wildfang
よわむし	Waschlappen / Weichei

> 先生が倒す entspricht der Struktur des **Satztyps C**. Auf die Funktion und den Gebrauch des Wortes こと werden wir in Teil 2 dieses Kapitels eingehen. Zur Satzstruktur siehe Seite 60.

ドイツ語

1a Aikidô bedeutet nicht nur Kampf allein. Aikidô heißt auch, die Kraft des Gegners für sich zu nutzen.

2a Pass auf! Der Schüler greift die Meisterin an.

3a Und sie wirft ihn nieder.

3b Unglaublich!

4a Obwohl die Energiesäulen wie im Videospiel gar nicht angezeigt werden.

4b Hä?

TYP D: Manga sind lustig.

A	が/は	Y	だ/です。
マンガ	は	おもしろい	です。
Manga	*wa*	*omoshiroi*	*da/desu.*

Diese Struktur kam bislang in folgendem 4-Panel-Strip vor:

4-Panel-Strip Nr. 20   合気道は難しいですか。

Aikidô wa muzukashii desu ka.

A   は   Y   です(か)

Im Japanischen gilt für die Satzstellung Folgendes: SUBJEKT – OBJEKT – VERB.

S-O-V

Subjekt - Objekt - Verb

Im alltäglichen Gebrauch wird das Subjekt jedoch oft weggelassen. Im Manga fällt es daher manchmal schwer, herauszufinden, von welcher Person oder welchem Thema gerade die Rede ist. Das Thema, über das gesprochen wird, wird mit der Partikel は (*wa*) gekennzeichnet. Das Subjekt der Handlung wird mit der Partikel が (*ga*) gekennzeichnet. Da im Manga die Dialoge vorherrschen, und es sich um einen gesprochenen, nicht immer korrekten Sprachstil handelt, **fallen die Partikel häufig ganz weg**.

僕　酒はだめ。

Boku (wa) sake wa dame.

Ich trinke keinen Alkohol.

あんた　何　やってるの。

Anta (wa) nani (o) yatteru no.

Was machst du da gerade?

Im geschriebenen oder formal gesprochenen Japanisch wären diese Auslassungen schlichtweg nicht korrekt. Wir werden diese Partikel in dem Kapitel **Mangalesen leicht gemacht** genauer behandeln.

メモ

すばらしい	fantastisch / wunderbar / ausgezeichnet
いつもどおり	wie immer
簡単	einfach
先生	Meister / Meisterin
言うこと	das Gesagte / was er/sie gesagt hat
聞けば	hören / zuhören
まねをすれば	nachmachen / imitieren
十分	ausreichend / genügend / vollständig
これでいい	so ist es gut
必要	notwendig / nötig / untentbehrlich

> 合気道は簡単だ entspricht der Struktur des **Satztyps D**. だ ist die umgangssprachliche Form von である (sein) im Präsens. Siehe Seite 62.

ドイツ語

2a Sehr gut, Aikawa, wie immer!

2b Siehst du, Nagaoka? Aikidô ist ganz einfach!

3a Du musst nur genau zuhören und alles nachmachen, was die Meisterin vormacht.

4a Ist das gut so?

4b Das braucht du nicht nachzumachen!!

良く覚えてね

Wenn は als Partikel verwendet wird, liest man sie *wa* und so wird sie auch transkribiert.

Die Reihenfolge der Komplemente bzw. Objekte ist im Japanischen relativ frei. Da viele Sätze im Manga teilweise gekürzt sind oder auf verschiedene Sprechblasen verteilt werden, kann man zwischen dem Subjekt am Satzanfang und dem Verb am Satzende schon mal leicht den Überblick verlieren. Damit du dir die Reihenfolge, in der die Komplemente auftauchen, besser merken kannst, lerne folgende Regel: **wer, wann, mit wem, in welchem Transportmittel, wo, was macht er/sie/es.**

Achte auf die Reihenfolge!

Wie liest man das?

Nagaoka-kun to Kei-kun wa kyô kuji ni densha de daigaku e ikimasu.

Was bedeutet das?

Nagaoka und Kei fahren heute um 9 Uhr mit dem Zug zur Universität.

❷ Einen Satz auf seinen wesentlichen Sinn komprimieren

Im Manga werden bestimmte Strukturen oft wiederholt. Es ist wichtig, dass du sie erkennst und zu deuten lernst. Auch wenn du erst mit dem Lernen begonnen hast, solltest du wissen, wozu die Wörter こと (koto) und の (no) da sind. Sie kommen nämlich besonders häufig im Manga vor. の (no) ist eine Partikel, die unter anderem dazu dient, aus einem Verb ein Substantiv zu machen. Weitere Funktionen dieser Partikel werden wir später behandeln.

Und wozu dient das?
Um Verben zu nominalisieren: »Ich hasse Lernen«, »Mein Hobby ist Lesen« usw.

Im Japanischen wird dies mithilfe von の (no) oder こと (koto) konstruiert.

Sieh dir den folgenden Satz mit の (no) an:

> はるかちゃんはマンガを描くの が好きです
> *Haruka-chan wa manga o kaku no ga suki desu*

Man könnte den Satz auch mit こと (koto) bilden:

> はるかちゃんはマンガを描くことが好きです
> *Haruka-chan wa manga o kaku koto ga suki desu*

Wie liest man das?
Toshi o toru koto wa tsurai.

Was bedeutet das?
Es ist nicht leicht, alt zu werden.

年を取ることはつらい。

「の」... 「こと」...

Beide grammatikalische Konstruktionen werden zwar in ähnlicher Weise eingesetzt, aber の (*no*) benutzt man eher, wenn es um konkrete Tatsachen geht, und こと (*koto*), wenn es sich mehr um abstrakte Themen handelt. Zum Beispiel bedeutet *sora o miru koto* **im Allgemeinen** »den Himmel ansehen«, während *sora o miru no* das **konkrete Tun** meint.

空を見ること (im Allgemeinen)

空を見るの (konkrete Handlung)

Darüber hinaus können durch こと (*koto*) aber auch **konkrete Tatsachen** ausgedrückt werden wie zum Beispiel »das, was Seiicho gesagt hat« 精一はいったこと (*Seiichi wa itta koto*) oder »die guten und die schlechten Dinge« いいことと悪いこと (*ii koto to warui koto*).

Wie liest man das?
Gêmu o suru no wa shiawase.

Was bedeutet das?
Videospiele zu spielen, macht mich glücklich!

Andere Ausdrücke mit の (*no*), die häufig im Manga vorkommen, sind Folgende:

の (*no*) als Partikel am Ende des Satzes, um ihm einen kindlichen Unterton zu verleihen.

同人誌を描いている**の**。

Dôjinshi o kaiteiru no.

Ich zeichne gerade einen Dôjinshi.

Diese Struktur kam bislang in folgenden 4-Panel-Strips vor:

4-Panel-Strip Nr. 4	あと何分出れる**の**?
4-Panel-Strip Nr. 9	何でそんなに写真を撮る**の** 本当に思う**の**？それ

Darüber hinaus kann sie dem Satz auch einen fragenden Unterton verleihen und steht dann immer am Satzende.

4-Panel-Strip Nr. 11	趣味 は ゴルフと乗馬 **なの**。

Die Satzstruktur entspricht dem **Satztyp A** (AはXだ/です).

注意！ In diesem Satz befindet sich das Verb nicht am Satzende, wo es normalerweise steht, weil es **weggelassen** wurde.

のだ / のです (*no da / no desu*) ist eine Konjunktion, die am Satzende steht und darauf hinweist, dass entweder der Sprecher gerade etwas erklärt oder aber dass er eine Erklärung von einer anderen Person über etwas ersucht. Sie verstärkt in Dialogen, in denen zwei Personen ein gemeinsames Interesse haben, den emotionalen Charakter der Aussage.

なのだ (*na no da*) ist eine Variante desselben Ausdrucks.

メモ

何	was
やってる	machen / tun
力	Macht / Kraft
集中する	sich konzentrieren
強い	kräftig / stark
エネルギー	Energie
しびれさせる	jmd. lähmen
宿る	wohnen / innewohnen
やせこけた	abgemagert / dürr / Spargeltarzan
あんた	du
攻撃する	angreifen

In den Konstruktionen なにやってるんだ und 気に力を集中させてるんだ sind die Verben nominalisiert durch んだ (のだ).

ことは dient dazu, die verbale Form 人を救う (den Menschen helfen) zu nominalisieren. Das Verb wird so zum Thema des Satzes.

ドイツ語

1a Iaaaaa!

2a Was machst du da?

2b Durch das Schreien sammle ich Kraft.

3a Ein starkes Kiai hat die Kraft, den Gegner für einen Moment zu lähmen.

4a Du, Spargeltarzan, greif mich an!

4b Raaaah!

4c Guter *Kiai*.

メモ

何で	warum
あらいう	so / wie dieser / diese
素人	Laie / Anfänger
つれてくる	jmd. mitbringen
なんだ	was ist los
そっくり	alle / insgesamt
人を救う	den Menschen helfen
先週	letzte Woche
会う	treffen / sich kennenlernen
寂しい	einsam / öde / allein / traurig
思って	denken
皆	alle
紹介しよう	vorstellen / bekannt machen
それで	also / deshalb / und dann
きっと	bestimmt / gewiss / sicherlich
可能性	Möglichkeiten
うちに	zu Hause
かも	wahrscheinlich
結び方	Knotenbildung
間違える	sich irren / einen Fehler machen
やっぱり	wie gesagt / wie erwartet / tatsächlich

ドイツ語

1a Warum hast du diesen Anfänger mitgebracht?

2a Du kennst doch Aikawa. Es ist sein Hobby, Leuten zu helfen.

2b Ich hab ihn letzte Woche kennengelernt ...

3a Er sah so einsam aus, da dachte ich, dass ich ihn euch allen vorstellen sollte.

3b Ich glaube, dass Großes in ihm steckt!

4a Ich hab mir die Hose falsch zugebunden.

4b ... Und wie groß!

難しい	schwierig
攻撃する	angreifen
わかる	verstehen
攻撃	der Angriff
どうやって	wie / auf welche Weise
傷つく	verletzt werden / Schaden erleiden
みる	versuchen
よける	ausweichen / vermeiden / Platz machen
でぶ	Fettwanst (Schimpfwort)

Achte auf die erste Sprechblase. Das Fragezeichen weist schon daraufhin, dass es sich hier um eine Frage handelt. Die Konjunktion, die den Satz tatsächlich zur Frage macht, ist die Partikel か (ka). Der Satz hat die Struktur des **Satztyps D** (siehe Seite 60) nur in Frageform. Im nächsten Kapitel werden wir die **Partikel** genauer behandeln.

ドイツ語

1a Und ist Aikidô sehr schwierig?

1b Greif mich mal an, dann wirst du's sehen.

2a Ja, wie denn?

2b Versuch, mir wehzutun. Ich werde dir schon ausweichen.

4a Fettwanst!

4b (Schild) Dem konnte ich nicht ausweichen!

MANGALESEN LEICHT GEMACHT!

■ Die Partikel: Das Textgerüst

Die **Partikel** stehen hinter dem Nomen, um Ausdrücke oder Phrasen zu bilden. Sie bestimmen die Beziehung der einzelnen Wortgruppen (Syntagmen) innerhalb eines Satzes zueinander oder ergänzen den Sinn des Satzes um einen zusätzlichen Aspekt. Sie können daher mit den Präpositionen verglichen werden.

Es gibt verschiedene Arten der Partikel. Wir behandeln diese hier in zwei Lektionen. Hier geht's los! In den 4-Panel-Strips und in Originalmanga kommen Partikel vor, die wir noch nicht behandelt haben. Auf die dazugehörige grammatikalische Erklärung musst du also noch ein wenig warten.

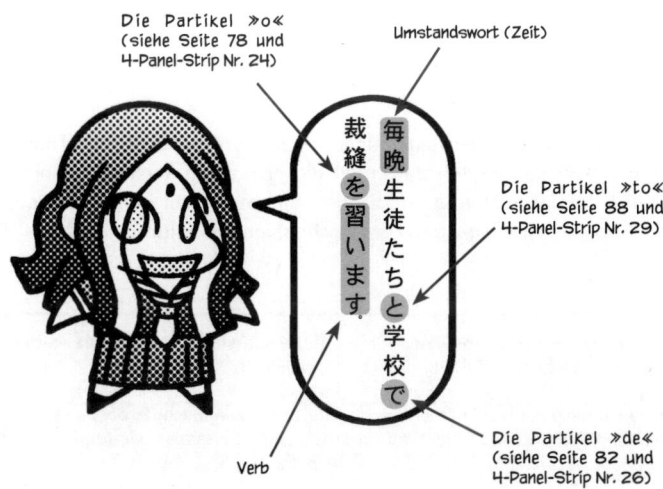

Die Partikel »o«
(siehe Seite 78 und
4-Panel-Strip Nr. 24)

Umstandswort (Zeit)

Die Partikel »to«
(siehe Seite 88 und
4-Panel-Strip Nr. 29)

Die Partikel »de«
(siehe Seite 82 und
4-Panel-Strip Nr. 26)

Verb

Wie liest man das?
Maiban seitotachi to gakkô de saihô o naraimasu.

Was bedeutet das?
Jeden Abend lerne ich gemeinsam mit anderen Schülern
in der Schule das Nähen.

Was bedeutet は (*wa*)?

Bei は (*wa*) handelt es sich um eine Thema-Partikel. Das Thema ist das, worüber in einem Satz gesprochen wird. Um die Bedeutung leichter zu verstehen, kannst du は (*wa*) vereinfacht als »bezüglich« oder »es geht um ...« übersetzen. Um was? Um das direkt vor は (*wa*) stehende Syntagma.

Ich bin Mayu.

[Ich]		[Mayu]	[sein]
わたし	は	まゆ	です。
Watashi	*wa*	*Mayu*	*desu.*

Der Manga ist interessant.

[Der Manga]		[interessant]	[sein]
マンガ	は	おもしろい	です。
Manga	*wa*	*omoshiroi*	*desu.*

Die Partikel は (*wa*) steht in der Regel hinter einem Syntagma, das das Thema des Gesprächs ist. In diesen beiden Sätzen ist das Syntagma auch das Subjekt des Satzes. Doch aufgepasst: Thema und Subjekt stimmen nicht immer überein. Die Partikel des Subjekts ist が (*ga*) und kennzeichnet eine Handlung.

Suche die Partikel は im 4-Panel-Strip auf der nächsten Seite. Lies die Wörter, die vor ihr stehen, und suche sie in der Vokabelliste.

In 2a steht die Partikel in einer Satzstruktur des Typs **A macht B**, aber das Subjekt fehlt. Würde das Subjekt mit im Satz stehen, müsste er wie folgt lauten:
こないだ話した秘密のことは [はるかちゃんが] 覚えている？

Lies nun bitte die Übersetzung. Die Partikel は kennzeichnet das **Thema** des Satzes. が ist die Subjektpartikel.

In 2b kennzeichnet は sowohl das Thema als auch das Subjekt. Hier fehlt です (*sein*), sodass der Satz schwieriger zu verstehen ist. Der vollständige Satz würde lauten:

まゆちゃん は	にんにくアレルギーってこと	[ですか]
Mayu	Knoblauchallergie	(sein)

メモ

待つ	warten / erwarten / hoffen / sich freuen auf
この間	(ugs. こないだ) vor Kurzem / neulich
話す	sagen / sprechen / reden
秘密	Geheimnis / geheim
覚える	sich erinnern / lernen / sich merken
にんにく	Knoblauch
アレルギー	Allergie
平気	gelassen / ruhig / gleichgültig
誰にも	jedem / niemandem
それじゃ	also dann
学校内	in der Schule / auf dem Schulgebäude
売る	verkaufen
嫌い	hassen / nicht mögen
キャラ	Charakter
出る	hinausgehen / erscheinen / sich zeigen
偶然	Zufall
名前	Name

ドイツ語

1a Haruka!

1b Mayu? Hast du auf mich ge-wartet?

2a Erinnerst du dich an das Geheimnis, das ich dir erzählt habe?

2b Mmm ... Das mit der Knoblauchallergie? Ganz ruhig, das hab ich niemandem erzählt.

3a Gut. In dem letzten Dôjinshi, den du in der Schule verkauft hast, kommt nämlich eine Figur vor, die keinen Knoblauch verträgt.

4a Was für ein Zufall!

4b Und sie heißt Mayu!!

Was bedeutet が (*ga*)?

が ist eine Subjektpartikel. Sie gibt an, wer bzw. was das Subjekt des Satzes ist.

Der Lehrer kommt.

[der Lehrer]		[kommen]
先生	が	来ます。
Sensei	*ga*	*kimasu.*

Wer kommt? → der Lehrer **SUBJEKT**

Die Ramen (chinesische Nudelsuppe) in diesem Restaurant sind gut.

[dieses Restaurant]		[Ramen]		[gut sein]
このレストラン	は	ラーメン	が	おいしいです
Kono resutoran	*wa*	*râmen*	*ga*	*oishii desu.*

Worüber wird gesprochen? → (von) *diesem Restaurant* → **THEMA**

Was ist gut? → *die Ramen* (dieses Restaurants) → **SUBJEKT**

Wenn du die Sätze Syntagma für Syntagma durchgehst, kann es passieren, dass sich dadurch auf Deutsch sehr seltsame Satzkonstrukte ergeben. Das liegt daran, dass der Satzbau in den meisten Sprachen (Englisch, Spanisch, Deutsch, Französisch, Italienisch usw.) anders ist als im Japanischen. Du kannst auf diese Weise aber die verschiedenen Elemente des Satzes leichter erkennen. Wenn du erst mal die Satzstruktur des Japanischen verstanden hast, wirst du auch den Zusammenhang leichter verstehen.

> Denk daran, dass Vorstellungen und Gedanken im Japanischen mithilfe anderer Strukturen dargestellt werden, als die, die wir kennen. Und behalte die japanische Satzstruktur immer im Hinterkopf, damit du weißt, wer spricht, wer die Handlung ausführt, wo etwas geschieht usw. ...

文の骨格

メモ

やばい	gefährlich / riskant / unklar
だれ	wer
裁縫	Nähen
クラブ	Klub
ライバル	Gegner / Konkurrent / Rivale
何字	welcher Buchstabe
書く	schreiben
出す	herausholen / veröffentlichen / abschicken

Sieh dir die Sprechblase 1b an. Hier steht die Subjektpartikel が. Die Satzstruktur entspricht **Typ C** (siehe Seite 60) in der *Vb.* irgendein Verb sein kann.
Sieh dir die Sprechblase 4a an. Ryohei spricht Mayu まゆくん (*Mayukun*) mit dem Suffix für Jungen an, was diese sehr ärgert.

ドイツ語

1a Schrecklich!

1b Ryohei kommt!

2a Ryohei? Wer ist das?

2b Mein ärgster Konkurrent im Nähklub.

3a Erwähne das bloß nicht in deinem Dôjinshi!

3b Wie schreibt man Ryohei?

4a Sieh mal, wer hier ist! Das Fräulein Mayu.

4b Dokumentation, Belege

4b Aaargh!

Sätze

Typ	Thema は Subjekt が	Kommentar Prädikat
A	長岡くんは *Nagaoka-kun wa*	ゲームおたくです (Vb. sein) *gêmu otaku desu.*
B	はるかちゃんが *Haruka-chan ga*	います (Vb. sein/existieren) *imasu.*
C	今日は　　　雨が *Kyô wa*　　*ame ga*	降っている (Vb. der Handlung) *futte iru.*
D	このレストランは　ラーメン *Kono resutoran wa*　*râmen ga*	おいしいです (Adj. + desu) *oishii desu.*

Ist der Satz 長岡くんがゲームおたくです falsch?

→ **Nein**, doch der Schwerpunkt des Satzes liegt auf der Aussage, dass Seiichi der Otaku der Videospiele ist und niemand anderes. So als würde man auf Deutsch sagen: »Der Otaku der Videospiele ist Seiichi«, anstelle von: »Seiichi ist ein Videospiel-Otaku.«

Und ist es falsch, wenn ich はるかちゃんはいます schreibe?

→ **Nein**, doch die Betonung liegt darauf, dass Haruka diejenige ist, die da ist und nicht irgendjemand anderes. So als würde man sagen: »Haruka ist da«, (aber Mayu nicht) anstelle von: »Ja, Haruka ist da.«

In Fragen mit Interrogativpronomen steht immer が (*ga*).

どこ が 痛い？
Doko ga itai?
Wo tut es dir weh?

誰 が 来る？
Dare ga kuru?
Wer kommt?

コンテクスト

Die Dialoge im Manga stehen immer in einem bestimmten Kontext. Da Japaner dazu neigen, etwas, das für alle am Gespräch Beteiligten offensichtlich ist, nicht noch einmal explizit auszusprechen, wird das Thema oft weggelassen. Es kann auch vorkommen, dass in einem Panel nur die kleinen Kommentare zu finden sind. Deshalb ist der Kontext so wichtig, um zu verstehen, wovon gerade die Rede ist!

メモ

最近	in letzter Zeit / neu-lich / vor Kurzem
顔を出す	scheinen / erscheinen
コスプレー	Cosplay
やめる	aufhören / auf-geben / abrechen
お金	Geld
から	weil / da / nach-dem / wegen
生まれる	geboren werden / zur Welt kommen
ストーリー	Geschichte / Plot / Handlung
読む	lesen
しかし	aber / jedoch / trotzdem
前に	früher / davor
プレゼント	Geschenk
渡す	übergeben / überreichen

Achte auf den Gebrauch von は (*wa*) im 4-Panel-Strip. Vergleiche den Gebrauch von が (*ga*) in 2a mit den Beispielen auf Seite 76.
Sieh dir die Verben (am Satzende) an und vergleiche die Endungen:
~ない → Negation
~た → Vergangenheit
~る → Infinitiv
~ます → Präsens

ドイツ語

1a Du warst lange nicht mehr im Nähklub. Hast du das Cosplayen aufgegeben?

2a Nein, natürlich nicht! Aber ich jobbe jetzt. Ich bin halt nicht so reich wie du!

3a Hm ... Na ja, ich bin dann mal weg.

3b *Puh! Wenigstens scheint er Harukas Geschichte nicht gelesen zu haben.*

4a Aber vorher ... ein Geschenk.

4b Raaaah!!

Was bedeutet を (o)?

Die Partikel を wird *o* ausgesprochen. Sie kennzeichnet das **direkte Objekt** eines Satzes. Dem Syntagma, das der Partikel vorangeht, fällt die Funktion des direkten Objekts zu.

Haruka kauft einen Bleistift.

[Haruka]		[Bleistift]		[kaufen]
はるかちゃん	は	鉛筆	を	買います。
Haruka-chan	*wa*	*enpitsu*	*o*	*kaimasu.*

Was kauft Harkua? → (einen) *Bleistift* → **DIREKTES OBJEKT**

Manchmal wird allerdings das, was wir unter einem direkten Objekt verstehen, im Japanischen nicht durch die Partikel を gekennzeichnet, da einige Verbformen ganz bestimmte Partikel erfordern.

O kann auch den Ausgangspunkt einer Bewegung kennzeichnen wie in dem Ausdruck 家を出る (*ie o deru*, aus dem Haus gehen).

Mayu verlässt den Konbini.

[Mayu]		[Supermarkt]		[rausgehen]
まゆちゃん	は	コンビニ	を	出ます。
Mayu-chan	*wa*	*konbini*	*o*	*demasu.*

メモ

秋葉原	Akihabara
歩く	zu Fuß gehen / laufen
回る	herumlaufen / sich drehen
服	Kleidung
探す	suchen
いい	gut
見つける	finden / ausfindig machen
正統派	orthodox / traditionell / dramatisch
キャラ	Figur / Charakter / Person
ボケ	dumm / idiotisch

> Achte auf den Gebrauch von を in der Blase 2a. In diesem Fall zeigt die Struktur
>
> 秋葉原 を 歩き回る
> (*Akihabara o arukimawaru*)
> [Ort *o* (Verb)]
> die **Tätigkeit** des Durchquerens eines Ortes an.

ドイツ語

1a Ich cosplaye auf jeden Fall weiter.

2a Ich bin gestern kreuz und quer durch Akihabara gelaufen, um ein neues Kostüm zu finden.

3a Ich hab ein ideales gefunden!

3b *Er wird in meiner Geschichte die tragische Figur sein.*

4a Tadaa!

4b *Oder vielleicht doch besser eine komische …*

Was bedeutet へ (*e*)?

へ ist eine **Partikel der Richtung**. Sie gibt an, wohin eine Bewegung oder eine Handlung geht. Ihre Bedeutung entspricht in etwa unseren Präpositionen **an, zu, gegen, nach**.

Nagoka geht in die Spielhalle.

[Nagaoka]		[Spielhalle]		[gehen]
長岡くん	は	ゲームセンター	へ	行きます。
Nagaoka-kun	*wa*	*gêmusentâ*	*e*	*ikimasu.*

Wohin geht Nagaoka? → *in die Spielhalle* → **UMSTANDSWORT DER RICHTUNG**

Diese Partikel wird auch benutzt, um eine Briefadresse anzugeben, oder wenn gesagt werden soll, für wen ein Gegenstand bestimmt ist. In dieser Bedeutung ist sie der Präposition **für** sehr ähnlich.

Ein Brief für Haruka.

はるかちゃんへの手紙
Haruka-chan e no tegami

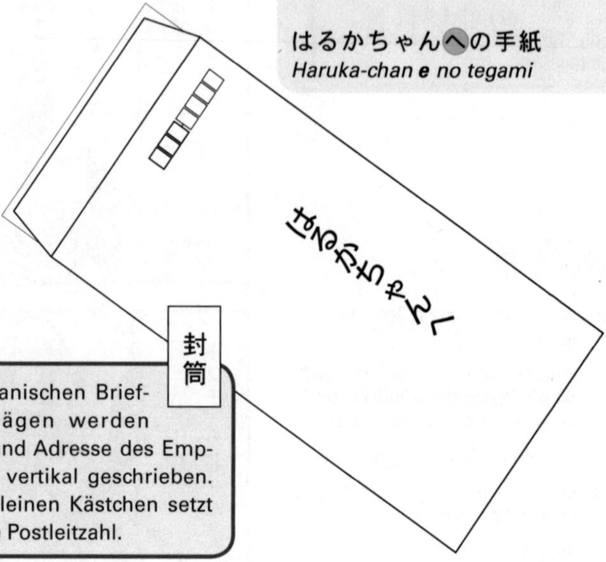

はるかちゃんへ

封筒

Auf japanischen Briefumschlägen werden Name und Adresse des Empfängers vertikal geschrieben. In die kleinen Kästchen setzt man die Postleitzahl.

メモ

行かなきゃ	ich muss gehen
途中で	unterwegs / auf halben Weg
洋服	westliche Kleidung
スケッチ	Skizze
その方がいい	besser so
怖い	Angst haben / fürchterlich
ヌード	nackt

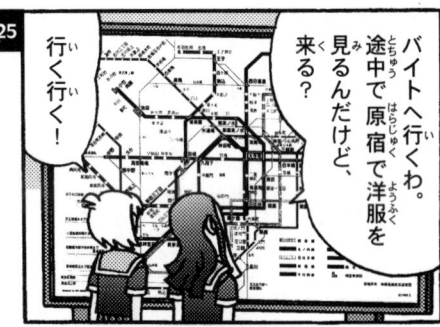

Sieh dir den Gebrauch von へ in 1a an. Die Partikel zeigt die **Richtung** an. Das Subjekt tritt nicht in Erscheinung.
Sieh dir die Verben im **Infinitiv** an: 見る, 来る und 行く. Der Infinitiv wird im gesprochenen Japanisch wie eine Präsensform verwendet: 行く = ich gehe.

ドイツ語

1a Auf dem Weg zur Arbeit gehe ich noch nach Harajuku, um Klamotten zu shoppen. Kommst du mit, Haruka?

1b Na klar!

2a Ich möchte noch mehr Fotos von Nagaoka machen. Ich habe seine Figur schon grob skizziert ...

3a Er kommt seit Kurzem nicht mehr zur Arbeit. Na ja, besser so, denn er war schon irgendwie schräg?

4a Uff! Aber noch viel schräger ist es, ihn in dieser Skizze nackt zu sehen.

Was bedeutet で (*de*)?

で ist eine **ortsangebende** Partikel. In Kombination mit dem Verb sein darf diese Partikel aber nicht verwendet werden: In diesem Fall benutzt man に... (*ni*).

Kei trainiert im Dôjô.

[Kei]		[Dôjô]		[trainieren]
けいくん	は	道場	で	練習します。
Kei-kun	*wa*	*dôjô*	*de*	*renshû shimasu.*

Wo trainiert Kei? → im Dôjô → **UMSTANDSWORT DES ORTES**

Die Partikel kann auch das Mittel, mit dem eine Handlung ausgeführt wird, angeben:

Haruka zeichnet mit einem Bleistift.

[Haruka]		[Bleistift]		[zeichnen]
はるかちゃん	は	鉛筆	で	描きます。
Haruka-chan	*wa*	*enpitsu*	*de*	*kakimasu.*

Womit zeichnet Haruka? → *mit einem Bleistift*
→ **UMSTANDSWORT DER ART UND WEISE**

Beachte den Gebrauch der Partikel で in der Sprechblase 2a des 4-Panel-Strips auf der Folgeseite. Auch wenn sie noch weitere Bedeutungen haben kann, zeigt sie in diesem Satz, das Mittel an, mithilfe dessen eine Handlung ausgeführt wird: »mit« (der Schere).

Sieh dir die Sprechblase 3b an. Haruka sagt: あたし (*atashi*) statt 私 (*watashi*). Es ist sehr typisch, dass Frauen im gesprochenen Japanisch das *W* »verschlucken«. Es verleiht der Sprecherin einen kindlichen Ton, der in Japan niedlich (*kawaii*) wirkt.

とか (*toka*) ist eine **Konjunktion** für Aufzählungen, die wir später behandeln werden.

Sieh dir den Gebrauch von は (*wa*) und が (*ga*) in dem folgenden 4-Panel-Strip an und blättere auf die Seiten 70 und 72 zurück, um die Sprechblasen mit den Beispielen dort zu vergleichen.

メモ

どう	was / wie
思う	denken / meinen / vermuten / glauben
うあ～ぁ	Uaaaah!
はさみ	Schere
切る	schneiden
たぶん	vielleicht / vermutlich / wahrscheinlich
ダーク	Dunkelheit / Finsternis (von engl. *dark*)
過ぎる	vorübergehen / übertreiben / zu sehr tun
ピンク	rosa / pink
フリル	Rüsche
リボン	Schleife (von engl. *ribbon*)
いっぱい	voll / ganz / viel
ドレス	Kleid
など	und so weiter / etc.
嫌い	verachten / verabscheuen / hassen
なるほど	aha! / ich verstehe / so ist das also!

ドイツ語

1a Wie findest du das, Haruka?

1b Waaaaaa!

2a Ich glaube, den Rock werde ich mit der Schere etwas kürzen.

2b Findest du es nicht ... zu düster?

3a Gefällt es dir nicht?

3b Ich mag rosa Sachen mit vielen hübschen Rüschen und Schleifen.

4a Alles klar. Es ist also ein gutes Zeichen, wenn es dir nicht gefällt.

4b Hä?

Was bedeutet に (*ni*)?

Die Partikel に hat verschiedene Funktionen: Sie kann **Agens** und **Richtung** (nach, zu) anzeigen oder fungiert als **lokale** (in, auf) bzw. **temporale Präposition**. Außerdem kann sie auch den **Zweck** (in der Konstruktion mit konjugiertem Verb + *ni* + *iku/kuru* wie zum Beispiel 食べに行く = »essen gehen«) angeben.

– Präposition des Ortes: Haruka zeichnet ein Graffiti an die Wand.

[Haruka]		[Wand]		[Graffiti]		[zeichnen]
はるかちゃん	は	かべ	に	グラフィティ	を	描きます。
Haruka-chan	wa	kabe	ni	gurafiti	o	kakimasu.

– Richtung: Ich ging nach Harajuku.

[Yo]		[Harajuku]		[gehen]
私	は	原宿	に	行った。
Watashi	wa	Harajuku	ni	itta.

– Richtung: Kei hat Haruka ein Buch geliehen.

[Kei]		[Haruka]		[Buch]		[leihen]
けいくん	は	はるか	に	本	を	貸した。
Kei-kun	wa	Haruka	ni	hon	o	kashita.

– Agens: Mayu hat ein Spiel von Seiichi bekommen.

[Mayu]		[Seiichi]		[Videospiel]		[bekommen]
まゆちゃん	は	精一くん	に	ゲーム	を	もらった。
Mayu-chan	wa	Seiichi-kun	ni	gêmu	o	moratta.

– temporale Präposition: Um 5 kommt ein Freund.

[Um 5]		[tomodachi]		[kommen]
5時	に	友達	が	来ます。
Go-ji	ni	tomodachi	ga	kimasu.

メモ

決まる	entschieden werden / festgelegt werden
これにする	(Ausdruck) das behalte ich / ich nehme das hier
渡す	übergeben / übertragen
持つ	besitzen / innehaben / tragen
かばん	Tasche / Handtasche
買う	kaufen
物	Sachen
入れる	hineintun / füllen / hinzufügen
携帯電話	Mobiltelefon
財布	Brieftasche / Portemonnaie
MDプレイヤー	Mini Disc
バッグ	Tasche (von Engl. *bag*)

Achte auf den Gebrauch von に (*ni*) in 3a. Vergleiche den Satz mit den Beispielen auf der vorhergehenden Seite über die Anwendung der Partikel に. Der Ausdruck どこに いれるの (*doko ni ireru no*) stimmt mit dem ersten Beispiel überein.

どこに = wo

ドイツ語

1a Ich hab mich entschieden. Ich nehme das.

1b Okay, solange du dich umziehst, nehme ich es.

2a Du solltest dir eine passende Tasche dazu kaufen.

2b Sollte ich?

3a Wo willst du denn sonst mit deinem Handy, deinem Portemonnaie und den MiniDiscs hin?

4a Das macht dann 15.000 Yen.

4b Ja.

4c ...

Was bedeutet の (*no*)?

の ist eine Partikel, die dem **Possessivpronomen** bzw. dem **Possessivadjektiv** im Deutschen entspricht. Außerdem erfüllt es die Funktion der Dativergänzung.

– Possessivpronomen: Dies ist mein Dôjinshi.

[Dies]		[mein]		[Dôjinshi]	[sein]
これ	は	私	の	同人誌	です。
Kore	*wa*	*watashi*	*no*	*dôjinshi*	*desu.*

– Possessiv-Adjektiv: Dieses Dôjinshi ist meins.

[Dieses Dôjinshi]		[mein]		[sein]
この同人誌	は	私	の	です。
Kono dôjinshi	*wa*	*watashi*	*no*	*desu.*

– Dativergänzung: Er ist Japanischlehrer.

[Er]		[Japanisch]	[von]	[Lehrer]	[sein]
彼	は	日本語	の	先生	です。
Kare	*wa*	*Nihongo*	*no*	*sensei*	*desu.*

注意！

Die Partikel の (*no*) hat noch weitere Funktionen wie die **Nominalisierung** oder sie verleiht am Satzende stehend diesem einen bestimmten Ton. Um all diese Punkte zu wiederholen, lies dir bitte die Lektion **Einen Satz auf seinen wesentlichen Sinn komprimieren** nochmals durch.

メモ

着てみる	anprobieren
ゴシック	gotisch / »gothic«
世界	Welt
あんまり	mehr als / zu / allzu
いいから	ist gut / schon gut
面白い	interessant / lustig
恥ずかしい	peinlich berührt sein / sich schämen / verlegen sein
撮る	fotografieren
自分	selbst / ich
いつも	immer
同じ	gleich / identisch
こういうの	von dieser Art

Beachte den Gebrauch von の in 2a. Diese Partikel ist dort als Dativ-ergänzung gebraucht. Das Substantiv hinter der Partikel wird zum zentralen Element des Syntagmas. Das Element, das vor der Partikel steht, wird zur substantiv-verändernden Ergänzung.

ゴシックの世界
gothic world

ドイツ語

1a Willst du nicht auch was an-probieren, Haruka?

2a Ich weiß nicht so recht. Diese Gothic-Sachen find ich nicht so toll.

3a Ach, komm schon, das wird lustig!

3b Ha ha!

4a Wie peinlich! Mayu, mach bloß keine Fotos von mir!

4b *Aber das machst du doch auch irgendwie ständig, oder? Hi hi.*

Was bedeutet と (*to*)?

と ist eine Partikel, die entweder **Zitate** kennzeichnet oder in Verbindung mit dem Verb 思う (denken) steht. Darüber hinaus zeigt sie den **Modus**, also die Art und Weise, in der etwas geschieht, an. Sie kann auch als **Kopulative Konjunktion** eingesetzt werden, um Sätze oder Wörter miteinander zu verbinden.

– Zitat: Er sagt, er werde nicht gehen.

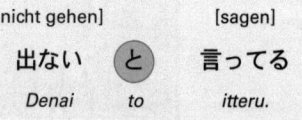

[nicht gehen]		[sagen]
出ない	と	言ってる
Denai	*to*	*itteru.*

– Modus: Sich mit viel Getöse aufregen.

[Getöse]		[sich aufregen]
どたばた	と	騒ぐ
Dotabata	*to*	*sawagu.*

– In Verbindung mit 思う: Das glaube/denke ich.

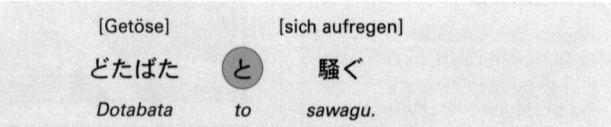

[dieses sein]		[glauben]
そうだ	と	思う
Sôda	*to*	*omou.*

– Kopulative Konjunktion: Haruka und Seiichi

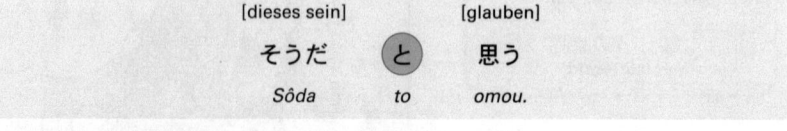

[Haruka]		[Seiichi]
はるかちゃん	と	精一くん
Haruka-chan	*to*	*Seiichi-kun.*

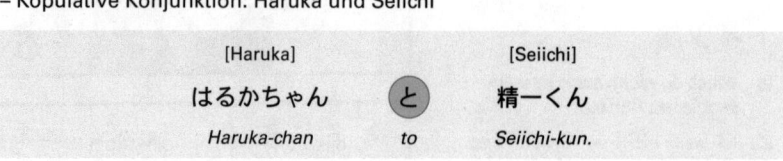

メモ

着く	ankommen
好きな	Lieblings... / Leib...
ワンピース	Einteiler
うれしい	kaufen
嬉しい	glücklich / zufrieden / sich freuen
一日	ein Tag
だった (である)	sein
今まで	bisher / bislang / bis jetzt
ただいま	ich bin schon hier

Beachte den Gebrauch von と in 1a. Hier ist die Partikel konjunktivisch gebraucht, sodass sie die Substantive des Satzes miteinander verbindet – in diesem Fall Mayu und Haruka. Sieh dir die Struktur des Satzes an und vergleiche sie mit dem Abschnitt über die verschiedenen Satztypen. Die Struktur entspricht **Satztyp C** (siehe Seite 58): **A** は/が **Vb**. Hier ist das **Vb.** ein **Verbalsyntagma**.

ドイツ語

1a Mayu kommt mit Haruka zum Konbini.

2a Ich bin total happy über mein neues superschönes Kleid ...

3a Was für ein toller Tag das war ...

4a Bis jetzt zumindest ...

4b Ich bin zurück ...

Was bedeuten die Partikel am Satzende?

Die Partikel am Satzende verleihen dem Gesagten eine bestimmte Nuance oder einen gewissen Unterton, um beim Zuhörer eine bestimmte Reaktion hervorzurufen. Sie stehen immer hinter dem Verb. Viele dieser Partikel dürften dir inzwischen bekannt sein.

Wir wiederholen:

ka = Frage

wa = Ton weicher machen (sehr weiblich)

no = kindlicher Ton oder umgangssprachliche Frage

na = Monolog oder Imperativ

yo = Hervorhebung oder Ausruf

ne = Zustimmung, Bestätigung des Gesprächspartners erbitten

ぜ

Wie liest man das?
Iku ze!

Was bedeutet das?
Ich komme!

ぞ

Wie liest man das?
Tsubushite yaru zo!

Was bedeutet das?
Ich mache dich platt!

Wie liest man das?
Mayu: *Dâre?*
Haruka: *Haruka desu yo…n*

Was bedeutet das?
Mayu: Wer ist das?
Haruka: Ich bin's doch Haruka!

DIE HANDLUNG IM MANGA

🔟 Das Verb sein

Nun hast du bereits viele 4-Panel-Strips gelesen, in denen das Verb sein am Rande erklärt wurde. Von jetzt an wirst du dieses Verb auch konjugieren können und es in all seinen Erscheinungsformen erkennen, wenn es in einem Manga vorkommt.

> 私はフランス人です。
> *Watashi wa furansujin desu.*
> Ich bin Franzose.

> 私はフランス人ではありません。
> *Watashi wa furansujin dewa arimasen.*
> Ich bin kein Franzose.

です (*desu*) und ではありません (*dewa arimasen*) sind die affirmative und die negative Form des Verbs sein である (*de aru*) im formellen Japanisch. Das Japanische kennt keine primäre Konjugation nach Person oder Numerus: Allerdings kennt das Japanische die sekundäre Konjugation des Tempus. Darüber hinaus kommen im Manga oft noch weitere, umgangssprachliche Formen des Verbs vor.

Das Verb sein

である	Formell	Informell
Präsens	です *desu*	だ *da*
Vergangenheit	でした *deshita*	だった *datta*
Verneinung	ではありません *dewa arimasen*	ではない・じゃない・じゃねえ *dewa nai · janai · janê*
Vern.+Verg.	ではありませんでした *dewa arimasen deshita*	ではなかった・じゃなかった *dewa nakatta · janakatta*

Sieh dir die folgenden Beispiele an und vergleiche sie mit der Tabelle auf der vorherigen Seite.

– Affirmative formelle Form im Präsens: Dies ist ein Dôjinshi.

これ	は	同人誌	です。
Kore	wa	dôjinshi	desu.

– Negative formelle Form im Präsens: Dies ist kein Animationsvideo.

それ	は	アニメビデオ	ではありません。
Sore	wa	animebideo	dewa arimasen.

– Affirmative informelle Form in der Vergangenheit: Dies war eine Spielhalle.

あれ	は	ゲームセンター	だった。
Are	wa	gêmu sentâ	datta.

– Affirmative formelle Form in der Vergangenheit (Frage): Aus welchem Land kommst du?

お国	は	どこ	でしたか。
Okuni	wa	doko	deshita ka.

An die neutrale Form kann *desu* am Satzende angehängt werden, um den Ton abzumildern und eine respektvollere Nuance auszudrücken.

– ではないです   *dewanai desu*   → じゃないです *janai desu*
– ではなかったです *dewanakatta desu* → じゃなかった *janakatta desu*

Im Manga findest du darüber hinaus diese Formen:

– じゃないんだ   *janai n da*   → じゃないの
– じゃなかったんだ *janakatta n da* → じゃなかったの
– じゃねえんだ   *janê n da*   → じゃねえの (vulgär oder komisch)

ん (*n*) kommt von の (*no*) und wird mit だ (*da*) kombiniert. Diese Funktion von の (*no*) wurde im zweiten Teil des Kapitels **Der Dialog im Manga** erklärt (siehe Seite 63) und tauchte bereits im 4-Panel-Strip Nr. 18 auf. Normalerweise beenden Männer die Sätze mit *no da* oder *nda*, Frauen hingegen mit *no*.

メモ

置く	setzen / stellen / legen
場所	Ort / Platz / Stelle
間違える	sich irren / einen Fehler machen
テトリス	Tetris
スリーライン	drei Reihen
クリアー	*clear*

> Achte auf den Gebrauch von ん in den Sprechblasen 1b und 4b. Der Ausdruck んだけど ist nichts anderes als のだ + けど.
> けど (*kedo*) ist die umgangssprachliche Form der Disjunktion (wie »oder«) von けれども (*keredomo*). Achte auf die verschiedenen Formen von です (である).

ドイツ語

1a Was machst du gerade, Nagaoka?

1b Ich lege das hier hin.

2a So geht das aber nicht!

3a Das gehört da nicht hin!

4a Was zum Teufel machst du denn da?

4b Tetris spielen. Drei Reihen gelöscht!

❷ Finde heraus, in welcher Zeit das Verb steht

Diese Lektion wird dir dabei helfen, die Verbendungen, die im Manga vorkommen, besser zu verstehen. Mittlerweile weißt du, dass das Japanische keine primäre Konjugation kennt und dass es eine **formelle** und eine **informelle** Form gibt. Allerdings gibt es eine **affirmative** und eine **negative** Form sowie die **Präsens-** und die **Vergangenheitsform**. Es gibt noch weitere verbale Modi, die wir in dieser Lektion sowie in den nächsten Bänden behandeln werden. Um die Handlung im Manga zu verstehen, ist es unerlässlich, die geläufigsten Konjugationsformen zu beherrschen. Denn wie willst du den Sinn eines Satzes verstehen, wenn du nicht weißt, wie das Verb konjugiert ist?

Es ist sehr einfach, die Form und Zeit des Verbs zu erkennen, wenn du weißt, zu welcher Verbgruppe es gehört. Jede von ihnen wird nach einem gleich bleibenden »Schema« konjugiert, das lediglich bei den unregelmäßigen Verben abweicht. Es gibt nur drei unregelmäßige Verben und eines davon, das Verb sein である (de aru), kennst du bereits.

Um zu erkennen, zu welcher Gruppe ein Verb gehört, musst du dir das Kanji und das *Okurigana*, die Flexion, ansehen.

Vokalische Verben

見る・見る　→　見

　　　　　　　　+ます　→　見ます

mi-ru　　　　*mi*　　*-masu*　　*mimasu*

– Das Okurigana る (*ru*), das nach dem Stamm steht, wird **flektiert**.

Konsonantische Verben

貸す・貸す　　→　貸

　　　　　　　　　+し+ます　→　貸します

ka-su　　　　　*ka*　　*-shi -masu*　　*kashimasu*

– Das Okurigana す (*su*), das nach dem Stamm steht, **wird abgeleitet**. (z.B. す → し、く → き)

Unregelmäßige Verben

来る　　　　→　来ます

ku-ru　　　　*ki-masu*

– Achtung: Hier ändert sich auch die Aussprache des lexikalischen Morphems (des Stamms). (*ku-ru → ki-masu*)

Beispielverben: [見る sehen], [貸す leihen], [来る kommen]

メモ

ソフトドリンク	Softdrink
左	links
棚	Regal
ポテト	Kartoffeln
ある	haben
レジ	Kasse
となり	Nachbarschaft / Nähe
まずい	schlecht / fatal
バッテリー	Batterie
仕事	Arbeit / Beruf
その方	diese Richtung

Achte auf die folgenden Verben.
なくなっちゃった entsteht aus der Kombination der Form *-nai* und *naru* (werden) mit dem Hilfsverb しまう (*shimau*), das in der *te*-Form steht und das Ende einer Handlung bzw. das Bedauern darüber ausdrückt. Die umgangssprachliche Form ist *chau*.
やりそう ist eine Form des Verbs やる mit dem Hilfsverb そう (だ) (*sô da*). Dieses Hilfsverb zeigt an, dass die besagte Information das ist, was man ihm (dem Sprecher) gesagt hat, oder was dieser glaubt bzw. was sein Eindruck ist.

ドイツ語

1a Entschuldigung, wo stehen die Softdrinks?

1b Im Gang auf der linken Seite.

2a Habt ihr Kartoffelchips?

2b Ja, neben der Kasse.

3a Oh nein! Die Batterie ist leer.

3b Na endlich! Dann kannst du jetzt ja mal was arbeiten.

4a Zum Glück habe ich auch meine PSP mitgenommen ...

4b Raargh!

Die Höflichkeitsform (*masu*-Form)

– Vokalische Verben: die Flexionen

見る sehen / gucken				
見る	見ます	見ました	見ません	見ませんでした
mi-ru	*mi-masu*	*mi-mashita*	*mi-masen*	*mi-masendeshita*
Infinitiv	Präsens, aff.	Vergangenheit aff.	Präsens, neg.	Vergangenheit, neg.

– Konsonantische Verben: Zwischen Stamm und Endung tritt bei der Flexion das sogenannte Infix (die Aussprache des Wortstammes verändert sich).

貸す leihen				
貸す	貸します	貸しました	貸しません	貸しませんでした
ka-su	*kashi-masu*	*kashi-mashita*	*kashi-masen*	*kashi-masendeshita*
Infinitiv	Präsens, aff.	Vergangenheit, aff.	Präsens, neg.	Vergangenheit, neg

> あ
> い
> う
> え
> お
>
> Muss man einfach nur eine Silbe durch die vorhergehende in der Reihenfolge des Alphabets ersetzen? Ja. Jede Silbe wird durch die in der japanischen Reihenfolge **A-I-U-E-O** vorhergehende Silbe ersetzt. Zum Beispiel wird aus *su shi* und aus *mu mi* etc. Dies sind alle möglichen Kombinationen:
>
> | | | |
> |---|---|---|
> | う → い | す → し | ぶ → び |
> | く → き | つ → ち | む → み |
> | ぐ → ぎ | ね → に | る → り |

– Unregelmäßige Verben: Zwischen Stamm und Endung tritt das Infix

する machen				
する	します	しました	しません	しませんでした
suru	*shi-masu*	*shi-mashita*	*shi-masen*	*shi-masendeshita*
Infinitiv	Präsens, aff.	Vergangenheit, aff.	Präsens, neg.	Vergangenheit, neg

来る kommen				
来る	来ます	来ました	来ません	来ませんでした
kuru	*ki-masu*	*ki-mashita*	*ki-masen*	*ki-masendeshita*
Infinitiv	Präsens, aff.	Vergangenheit, aff.	Präsens, neg.	Vergangenheit, neg

メモ

腐る	verfaulen / verderben
殺す	töten
つもり	Absicht / Intention
だから	deswegen / daher
返し	zurückgeben
決まってる	ist beschlossen / ist logisch

Achte auf die Sprechblase 1b. Wenn man sich höflich an einen Kunden wenden möchte, benutzt man でしょうか anstelle von ですか. Es bedeutet zwar dasselbe wie 何ですか (»Was gibt's? / Was ist?«), klingt aber sehr viel formeller: »Womit kann ich Ihnen helfen?«

In 2a taucht die höfliche Vergangenheitsform mit -mashita auf. Außerdem findet ihr dort eine neue Form -tara, die eine Konditional-Form (wenn/falls) ist. Im zweiten Band werden wir sie näher kennenlernen. 開いたら bedeutet: »Wenn er (es) öffnen wird.«

ドイツ語

1a Ey, Sie ...

1b J... Ja? Was wünschen Sie?

2a Ich hab das hier gestern gekauft und es ist in einem sehr schlechten Zustand.

4a Willst du mich etwa umbringen?

4b Ich will es umtauschen!

Die informelle Form

– Vokalische Verben

見る sehen / gucken			
見る	見た	見ない	見なかった
mi-ru	*mi-ta*	*mi-nai*	*mi-nakatta*
Infinitiv	Vergangenheit, aff.	Präsens, neg.	Vergangenheit, neg

– Konsonantische Verben

A) Die Verben auf す (*su*)

貸す leihen			
貸す	貸した	貸さない	貸しなかった
ka-su	*kashi-ta*	*kasa-nai*	*kashi-nakatta*
Infinitiv	Vergangenheit, aff.	Präsens, neg.	Vergangenheit, neg

In der negativen Form verändert sich das Infix: *kashita → kasanai*.

B) Verben auf つ (*tsu*), う (*u*) und る (*ru*)

持つ haben / besitzen			
持つ	持った	持たない	持たなかった
mo-tsu	*mo-tta*	*mota-nai*	*mota-nakatta*
Infinitiv	Vergangenheit, aff.	Präsens, neg.	Vergangenheit, neg

会う sich treffen			
会う	会った	会わない	会わなかった
a-u	*a-tta*	*awa-nai*	*awa-nakatta*
Infinitiv	Vergangenheit, aff.	Präsens, neg.	Vergangenheit, neg

取る nehmen			
取る	取った	取らない	取らなかった
to-ru	*to-tta*	*tora-nai*	*tora-nakatta*
Infinitiv	Vergangenheit, aff.	Präsens, neg.	Vergangenheit, neg

Für die Bildung der affirmativen Vergangenheit wird die **Flexion** durch die vorhergehende Silbe ersetzt. Zusätzlich wird der Konsonant verdoppelt: *-tta*. Bei Verben, die mit *–u* aufhören, ist die »vorhergehende Silbe« *–wa*.

メモ

隠す	verstecken / verbergen
働く	arbeiten
母	Mutter
せい	Schuld / Ursache / Fehler
部屋	Zimmer
週間	Woche
以上	mehr als / oben erwähnt
引きこもる	sich zurückziehen
一人で	allein
もしかして	falls / vielleicht
弟	kleiner Bruder
ファンタジークエスト	*Fantasy Quest*
キャラ	Charakter / Figur

Achte beim Lesen auf die **Verben**: **1a** die Form *-teiru* und die informelle Vergangenheit. **2a** die Präsensform von である und der Infinitiv von 引きこもる **3a** die Form *-teiru* und die Vergangenheit von である **4b** informelle Präsensform.

ドイツ語

1a Was machst du da? Warum kommst du, wenn du den Job nicht magst?

2a Meine Mutter ist daran schuld. Ich darf mich nicht länger als drei Wochen in meinem Zimmer einschließen.

3a Du warst drei Wochen allein in deinem Zimmer?

3b Nicht allein. Mit Nuki Nuki.

4a Nuki Nuki? Ist das dein Bruder oder so ...?

4b Nein, eine Figur aus *Fantasy Quest*.

C) Verben auf く (ku)

開く sich öffnen

開く	開いた	開かない	開かなかった
a-ku	*ai-ta*	*aka-nai*	*aka-nakatta*
Infinitiv	Vergangenheit, aff.	Präsens, neg	Vergangenheit, neg

D) Verben auf ぐ (gu)

泳ぐ schwimmen

泳ぐ	泳いだ	泳がない	泳がなかった
oyo-gu	*oyoi-da*	*oyoga-nai*	*oyoga-nakatta*
Infinitiv	Vergangenheit, aff.	Präsens, neg.	Vergangenheit, neg.

E) Verben auf ぶ (bu), む (mu) und ぬ (nu)

呼ぶ rufen

呼ぶ	呼んだ	呼ばない	呼ばなかった
yo-bu	*yon-da*	*yoba-nai*	*yoba-nakatta*
Infinitiv	Vergangenheit, aff.	Präsens, neg.	Vergangenheit, neg.

読む lesen

読む	読んだ	読まない	読まなかった
yo-mu	*yon-da*	*yoma-nai*	*yoma-nakatta*
Infinitiv	Vergangenheit, aff.	Präsens, neg.	Vergangenheit, neg.

死ぬ sterben

死ぬ	死んだ	死なない	死ななかった
shi-nu	*shin-da*	*shina-nai*	*shina-nakatta*
Infinitiv	Vergangenheit, aff.	Präsens, neg.	Vergangenheit, neg.

– Unregelmäßige Verben

する machen

する	した	しない	しなかった
suru	*shi-ta*	*shi-nai*	*shi-nakatta*

来る kommen

来る	来た	来ない	来なかった
ku-ru	*ki-ta*	*ko-nai*	*ko-nakatta*

メモ

誰にも	jedem / niemandem
ばっかり	wie erwartet / tatsächlich / noch
話す	sprechen
おかしい	lustig / komisch
知る	wissen / kennen

Sieh dir die Verbformen genau an.
1a 話さず → 話さない Präsens, negativ
2a 話しはしていた Die Form *-teiru* Vergangenheit, informell. Denk immer daran, dass は verwendet wird, um einen Vergleich oder einen **Gegensatz** anzuzeigen (»Ich habe nichts gemacht, aber geredet hab ich!«). Siehe Seite 76.
2a じゃなかった → である informelle negative Vergangenheit.
2a ってば ist eine umgangssprachliche Form, die verwendet wird, um ein Thema hervorzuheben, über das bereits gesprochen wurde.
2b 話した → 話す affirmative Vergangenheit,
4a und 4b だ → である Präsens, informell

ドイツ語

1a Drei Wochen? Ohne mit jemandem zu sprechen, ohne mit jemandem ...

2a Ich hab schon was gesprochen und nicht bloß gespielt.

2b Und mit wem hast du gesprochen?

3a Mit Nuki Nuki? Ha ha ha!

4a Ja, was ist daran so komisch?

4b Ich weiß es nicht. Ich weiß es nicht.

❸ Die *te*-Form ist überall!

Der höfliche Imperativ

Die *te*-Form setzt sich aus dem **Verbstamm** + der Kasusendung *-te* zusammen. Bei den vokalischen Verben erfolgt die Bildung genauso wie beim Indikativ im Präsens und der Vergangenheit: Die Endung wird durch *-te* ersetzt. Bei den konsonantischen Verben wird dasselbe Prinzip angewandt: Die Endung wird flektiert und das *-te* angehängt.

Mithilfe der *te*-Form kann der höfliche Imperativ ausgedrückt werden, um etwas auf formelle Art zu erbitten oder zu befehlen. Dafür fügt man *kudasai* (»bitte«) an das Verb in der *te*-Form an.

〜て+下さい *-te + kudasai*	食べて下さい *tabete kudasai*	Iss bitte!
	読んで下さい *yonde kudasai*	Lies bitte!
	待って下さい *matte kudasai*	Warte bitte!

Bei den vokalischen Verben wird die Form gebildet, indem *-te* an den Stamm angehängt wird. Bei denjenigen konsonantischen Verben, die auf ぶ (*bu*), ぐ (*gu*), む (*mu*) und ぬ (*nu*) enden, ist die Form allerdings nicht *-te* sondern **-de**. Diese Form ähnelt der **ta**-Form (affirmative informelle Vergangenheitsform).

Die *te*-Form kann auch negiert werden. Diese Negationsform wird mithilfe von **-nai** gebildet. Sieh dir dazu das Beispiel des Verbs *taberu* (essen) an.

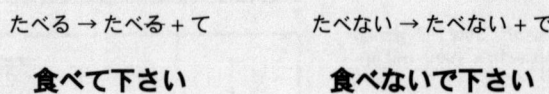

たべる → たべる + て　　　たべない → たべない + で

食べて下さい　　　　**食べないで下さい**

Anstatt der normalen *te*-Form wird hier das »te« mithilfe der *Handakuten* zu »de«.

メモ

箱	Schachtel / Box
冷蔵庫	Kühlschrank
頂戴	bitte
早い	schnell
怠ける	faulenzen / schwänzen
とっとと	sofort / in Eile
もう〜	jetzt reicht's

Achte auf die *te*-Form im Imperativ in 1a. 頂戴（ちょうだい）ist eine umgangssprachliche Version von 下さい.
Sieh dir die Form 怠けてないで an. Diese imperative Form von *-teiru* (progressiv) steht in der negativen Form. Sie bedeutet: »Sei nicht faul! / Faulenz nicht rum!«
Achte auf den umgangssprachlichen ordinären Imperativ von 来い in 4a.

ドイツ語

1a Nagaoka, stell diese Kisten bitte schnell in den Kühlschrank.

3a Hey, sei nicht faul, Nuki Nuki.

3b Hä?

4a Los, komm, trag du sie!

4b Was macht der da? Echt spooky! Manno ...

– Vokalische Verben

見る sehen / gucken		
見る	見て	見ないで
mi-ru	*mi-te*	*mi-naide*
Infinitiv	Affirmativ	Negation

– Konsonantische Verben

A) Verben auf す (*su*)

貸す leihen		
貸す	貸して	貸さないで
ka-su	*kashi-te*	*kasa-naide*
Infinitiv	Affirmativ	Negation

B) Verben auf つ (*tsu*), う (*u*) und る(*ru*)

持つ haben / besitzen		
持つ	持って	持たないで
mo-tsu	*mo-tte*	*mota-naide*
Infinitiv	Affirmativ	Negation

会う sich treffen		
会う	会って	会わないで
a-u	*a-tte*	*awa-naide*
Infinitiv	Affirmativ	Negation

取る nehmen		
取る	取って	取らないで
to-ru	*to-tte*	*tora-naide*
Infinitiv	Affirmativ	Negation

C) Verben auf く (*ku*)

開く sich öffnen		
開く	開いて	開かないで
a-ku	*ai-te*	*aka-naide*
Infinitiv	Affirmativ	Negation

メモ

お客様	Gast / Kunde
並ぶ	in einer Reihe stehen / nebeneinanderstehen
レベル	Level
たくさん	viele / zahlreich / genügend
店	Geschäft / Laden / Restaurant
失敗	Fiasko / Misserfolg

Das von Seiichi aufgestellte Schild fordert die Kunden auf, zu einer anderen Kasse zu gehen. Auch wenn der hier benutzte Imperativ dem formellen Stil entspricht, ist *-te-kudasai* gegenüber Kunden, dem Chef oder älteren Menschen nicht korrekt. Meistens wird in solchen Situationen eine der Höflichkeitsformen (*Keigo*) angewendet, die wir später noch behandeln werden.

お客様へ
隣のレジに並んで下さい

*Okyaku-sama e
tonari no reji ni narande kudasai*

ドイツ語

1a Entschuldigung, ich ...

1b Sehr geehrte Kunden, stellen Sie sich bitte an der anderen Kasse an.

2a Aber ...

3a ...

4a Ich hab Level 1 durch! Hast du viele Kunden gehabt?

4b Überhaupt gar keinen! Dieser Laden ist die Vollpleite.

D) Verben auf ぐ (gu)

泳ぐ schwimmen		
泳ぐ	泳いで	泳がないで
oyo-gu	*oyoi-de*	*oyoga-naide*
Infinitiv	Affirmativ	Negation

E) Verben auf ぶ (bu), む (mu) und ぬ (nu)

呼ぶ rufen		
呼ぶ	呼んで	呼ばないで
yo-bu	*yon-de*	*yoba-naide*
Infinitiv	Affirmativ	Negation

読む lesen		
読む	読んで	読まないで
yo-mu	*yon-de*	*yoma-naide*
Infinitiv	Affirmativ	Negation

死ぬ sterben		
死ぬ	死んで	死なないで
shi-nu	*shin-de*	*shina-naide*
Infinitiv	Affirmativ	Negation

– Unregelmäßige Verben

する machen		
する	して	しないで
suru	*shi-te*	*shi-naide*
Infinitiv	Affirmativ	Negation

来る kommen		
来る	来て	来ないで
kuru	*ki-te*	*ko-naide*
Infinitiv	Affirmativ	Negation

メモ

アイス	Eiscreme
溶る	schmelzen / sich auflösen
何か	irgendetwas
頼む	bitten / anvertrauen / bestellen
静かに	ruhig / leise / sanft
大きい	groß / riesig
声	Stimme
店長	Geschäftsführer
なる	werden / sich entwickeln zu

Achte auf die Sprechblase 1a. Der Ausruf え kam schon an anderer Stelle vor, hier erscheint er aber mit *Handakuten*. Diese zeigen an, dass die Interjektion in diesem Fall stimmhafter und tiefer sein soll.
Sieh dir die zwei Formen des Imperativs an, die hier vorkommen.
やって → umgangsspr. Imperativ
話すな → ordinärer Imperativ
Erkennst du die Verwendung der beiden Partikel が und は wieder? In 2b kennzeichnet が das **Subjekt** (アイス). In 3a markiert は das **Thema** (何か頼んだとき).

ドイツ語

1a Hä?

2a Nagaoka!!

2b Das Eis schmilzt!!

3a Wenn ich dich um etwas bitte, dann tu das auch!!

4a Sei nicht so laut, Kurotani. Nimm dir ein Beispiel an Nagaoka.

4b Geschäftsführer

4c Das hat mir gerade noch gefehlt ...

Der progressive Aspekt

Wenn die *te*-Form hinter dem Verb いる (*iru* sein, existieren) steht, bedeutet dies, dass die Handlung progressiv ist, also noch andauert.

〜て+いる *-te + iru*	食べている *tabete iru*	essen (gerade dabei sein)
	読んでいる *yonde iru*	lesen (gerade dabei sein)
	待っている *matte iru*	warten (gerade dabei sein)

> Achtung! Im Manga kommt diese progressive Form häufig in der höflichen Form ohne das *i* von *iru* vor wie z. B. 食べてます (*tabetemasu*), 読んでます (*yondemasu*) und 待ってます (*mattemasu*). Dies gilt genauso für die informelle Form: 待ってる (*matteru*), 遊んでる (*asonderu*) und 教えてる (*oshieteru*).
> Diese Form auf てます (*temasu*) ist informeller. Für Verben, die auf ぶ (*bu*), ぐ (*gu*), む (*mu*) und ぬ (*nu*) enden, lautet sie entsprechend でます (*demasu*).

Bislang kam diese progressive Form in folgenden 4-Panel-Strips vor:

4-Panel-Strip Nr. 5	プレステの新しいゲーム持ってるけど。
	● 持っている → 持ってる
4-Panel-Strip Nr. 9	はるかちゃんは同人誌を今描いている。
4-Panel-Strip Nr. 11	まだキャラデザしかやってないけど。
	● やっている → やっていない → やってない
	新宿駅で寝てるやつで…
	● 寝ている → 寝てる
4-Panel-Strip Nr. 13	合気道以外にたくさんやってる。
	● やっている → やってる
4-Panel-Strip Nr. 14	変なことを考えてるに違いない。
	● 考えている → 考えてる
4-Panel-Strip Nr. 15	楽しみしているはずだ。
4-Panel-Strip Nr. 18	何やってるんだ？
	● やっている → やってる

Wenn du die Lesung der Kanji nicht mehr weißt, blättere einfach noch mal zurück und lies die 4-Panel-Strips mithilfe der Vokabellisten zur Wiederholung.

メモ

母さん　　　　Mutter
嘘つき　　　　Lügner

Sieh dir die Sprechblase 2a an.
話せねえ ist die vulgäre Form von
話せない, die vor allem von Männern benutzt wird. In einem umgangssprachlichen Kontext ist es
durchaus normal, dass die Form
ない zu ねえ verschliffen wird. Sieh
dir die folgenden Formen an und
vergleiche die beiden Versionen desselben Satzes miteinander.

働いてる　って
→ 働い<u>ている</u>　<u>ことは</u>

umgangssprachliche Version
→ formale Version

決まっ<u>てん</u>　だろう
→ <u>決まってあるの</u>　でしょう

Die Formen だろう (informell)
und でしょう (formell) zeigen die
Wahrscheinlichkeit an. Beide sind
von である abgeleitet, was so
viel bedeutet wie »nicht wahr?«
oder in einem informelleren Ton
»stimmt's?«.

ドイツ語

2a Hallo, Mama. Ich kann gerade
nicht sprechen, denn ich bin auf
der Arbeit. Wo sollte ich sonst
sein?

3a Lügner!!!!

4a ...

Weitere Funktionen der *te*-Form

Die *te*-Form wird mit anderen Verben kombiniert, um die Gleichzeitigkeit zweier Handlungen bzw. die Aufeinanderfolge von Handlungen anzuzeigen.

一 ～て行く (*-te iku*): weitermachen, (währenddessen) etwas machen

はるかちゃんは同人誌を書いていきます。

Haruka-chan wa dôjinshi o kaite ikimasu.
Haruka zeichnet an ihrem Dôjinshi weiter (von jetzt an).

けいくんはこれからも戦って行く。

Kei-kun wa korekara mo tatakatte iku.
Kei wird auch in Zukunft kämpfen.

一 ～て来る (*-te kuru*): Sie zeigen Dauer oder Veränderung an: etwas geschafft haben, bisher etwas gemacht haben, etwas noch einmal machen.

コンビニの仕事になれてきました。

Konbini no shigoto ni narete kimashita.
Ich habe mich an die Arbeit im Konbini gewöhnt.

雨が降ってきた。

Ame ga futte kita.
Es hat angefangen, zu regnen.

買い物へ行って来ます。

Kaimono e itte kimasu.
Ich gehe einkaufen und komme dann wieder.

Bislang kam diese Verbkonstruktion in folgendem 4-Panel-Strips vor:

4-Panel-Strip Nr. 19	何でああいう素人を連れてきたのだ？
	● 連れてくる → 連れてきた

メモ

すぐ	sofort / gleich / unmittelbar
あがる	zu Ende gehen / aufhören
正気	klarer Verstand / Bewusstsein
着替える	sich umziehen / Kleider wechseln
頭	Kopf
おかしい	lustig / komisch
かわいそう	traurig / bemitleidenswert

Der Ausdruck よくきた bedeutet: »Wie schön, dass du gekommen bist.« Der Ausdruck 頭がおかしい bedeut: »verrückt sein / nicht ganz dicht sein (im Kopf).«

Sieh dir die Sprechblase 3a an. Der Gebrauch der te-Form wurde in dem entsprechenden Abschnitt behandelt: ～て来る drückt hier eine doppelte Handlung aus.
着替えて着る
→ 着替える ＋ 来る
　→ sich umziehen und zurückkommen

ドイツ語

1a Hallo, Mayu! Ihr macht doch gleich Feierabend, oder?

1b Haruka ...

2a Gott sei Dank! Ein normaler Mensch!

2b ?

3a Ich zieh mich nur noch schnell um.

4a Die Arme, die ist echt schräg drauf!

4b Was für 'ne Schande!

Auf dieselbe Art und Weise kann -te als Konjunktion zwei **Nebensätze miteinander verbinden** (Juxtaposition), egal, ob sie im Imperativ oder einem anderen Modus stehen.

- Der **Imperativ** [Verb im Imperativ] + [Verb im Imperativ]
  食べて ＋ 寝て下さい
  Tabete + nete kudasai → Iss und schlaf, bitte!

- Im **Indikativ** [Verb im Indikativ] + [eine weitere Handlung im Indikativ]
  食べて出ます
  Tabete demasu → Nach dem Essen gehe ich raus.

Um diese Art von Sätzen zu verneinen, benutzt man die Form なくて (*nakute*), die genauso konjugiert wird wie ないで (*nai de*).

- Im **Imperativ** [nicht (Verb im Imperativ)] + [Verb im Imperativ]
  いかないで ＋ ここで遊んで下さい
  Ikanaide + koko de asonde kudasai → Geh nicht weg, sondern spiel lieber mit mir.

- im **Indikativ**
  謝らなくて失礼だった
  Ayamaranakute shitsurei datta → Er hat sich nicht entschuldigt, was sehr unverschämt war.

Darüber hinaus hat die te-Form sowohl in der affirmativen als auch in der negativen Form noch weitere Funktionen. Sie kann zum Beispiel **Phrasen und Adjektive verbinden**, aber darauf kommen wir in den Folgebänden noch genauer zu sprechen. Wenn du magst, kannst du ja mal zum 4-Panel-Strip Nr. 19 zurückblättern.

In Panel 3 dieses 4-Panel-Stips steht ein Satz, in dem die te-Form dazu verwendet wird, zwei aufeinanderfolgende Handlungen auszudrücken, d.h., aus 1 folgt 2.

Er sah so einsam aus, da dachte ich, dass ich ihn euch allen vorstellen sollte.

なんか	一人ぼっちだそう	と	思って	皆に	紹介しようと
[daher]	[schien es nur]		[denken, -te-Form]	[zu allen, alle]	[vorstellen, Vorschlag]

メモ

荷物	Gepäck / Päckchen
運ぶ	tragen / transportieren
掃除する	saubermachen / putzen
ゲームセンター	Pause

> Der Ausdruck ことにする zeigt an, dass man sich entschieden hat, etwas zu tun: 行かないことにする = »entscheiden, nicht zu gehen«.
>
> Achte auf die unterschiedliche Verwendung der *te*-Form. In 2a wird sie benutzt, um konsekutive Handlungen aufzuzählen.
>
> In 3a ist 思ってた die progressive Form der Vergangenheit.

ドイツ語

1a Nagaoka, wir wollen später noch weggehen. Kommst du mit?

1b Nein ...

2a Ich hab heute Kisten gestapelt, kassiert und Regale geputzt ... ich bin müde.

3a Schade ... wir wollten ins Gamecenter gehen ...

4a Los geht's!

4b Mayu fehlt noch, also warte!

4 Das ist ein Befehl!

Im Japanischen gibt es verschiedene Möglichkeiten, jemandem etwas zu befehlen oder vorzuschlagen. Dabei wird im Manga meist die umgangssprachliche Variante verwendet. Aber auch einige Höflichkeitsformeln kommen durchaus vor: Dies hängt davon ab, wer spricht und in welcher Beziehung der Sprecher zu der Person steht, der er etwas befiehlt.

Verschiedene Befehlsformen

Zum einen wird -*mashô* benutzt, die eine Variante von -*masu* ist. Damit kann man auch den Willen, etwas zu tun, ausdrücken. Es gibt auch noch eine umgangssprachliche Variante, die oft im Manga vorkommt.

Vorschlag

着る → 着ます → 着ましょう

Die Form → ましょう (-*mashô*) wird genauso konjugiert wie die Form → ます (-*masu*).

着る → 着よう

Bei den vokalischen Verben wird die umgangssprachliche Form dadurch gebildet, dass die Endung → ます durch → よう(*yô*) ersetzt wird.

Bei den konsonantischen Verben ersetzt man das finale -*u* des Okurigana durch ein -*ô*. Die konsonantischen Verben werden dabei wie folgt gebaut:

～す	*su*	→	～そう	*sô*	～く	*ku*	→	～こう	*kô*
～つ	*tsu*	→	～とう	*tô*	～ぐ	*gu*	→	～ごう	*gô*
～う	*u*	→	～おう	*ô*	～ぶ	*bu*	→	～ぼう	*bô*
～る	*ru*	→	～ろう	*rô*	～む	*mu*	→	～もう	*mô*
					～ぬ	*nu*	→	～のう	*nô*

Die unregelmäßigen Verben:

する *suru* → しよう *shiyô*　　　　　来る *kuru* → 来よう *koyô*

Bislang kam diese Struktur in folgenden 4-Panel-Strips vor:

4-Panel-Strip Nr. 19　　　　　うん　行こう

メモ

ゲーセン	Gamecenter
絶対	sicher / fest / feststehend
ソウルキャリバー	*Soul Calibur*
コンテスト	Turnier
帰る	zurückkommen
お金	Geld
三日前	vor drei Tagen / es ist drei Tage her
こそ	genau
当たり前	logisch
ばか	dumm

Achte auf die Sprechblase 2a. Der Vorschlag wird hier in der umgangssprachlichen Form vorgebracht:

やろう → やりましょう

Sieh dir noch einmal den 4-Panel-Strip Nr. 40 an und achte dabei darauf, wie dort etwas vorgeschlagen wird.

ドイツ語

1a Zum Gamecenter? Nix da, ich hatte für heute schon genug Videospiele!!

2a Wir wollten ein *Soul Calibur*-Turnier spielen. Wir dachten, Seiichi würde das gefallen ...

2b Genial!

3a Ich geh nach Hause. Ich bin pleite.

4a Aber vor drei Tagen hast du doch noch 15.000 Yen für ein Kostüm ausgegeben ...

4b Deshalb bin ich ja pleite, Dummerchen.

Formen des Imperativs

Der Imperativ wird immer dann benutzt, wenn ein Übergeordneter einem Untergeordneten einen Befehl erteilt oder eine Mannschaft animieren will.

Bei den vokalischen Verben wird *-masu* in der affirmativen Präsensform weggelassen und *-ro* angehängt.

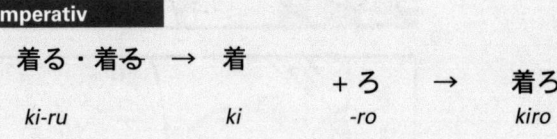

Imperativ

着る・着る　→　着　　+ ろ　→　着ろ
ki-ru　　　　　*ki*　　*-ro*　　　　*kiro*

Bei den konsonantischen Verben wird das *-u* am Ende durch *-e* ersetzt.

～す	*su*	→	～せ	*se*	～く	*ku*	→	～け *ke*
～つ	*tsu*	→	～て	*te*	～ぐ	*gu*	→	～げ *ge*
～う	*u*	→	～え	*e*	～ぶ	*bu*	→	～べ *be*
～る	*ru*	→	～れ	*re*	～む	*mu*	→	～め *me*
					～ぬ	*nu*	→	～ね *ne*

Die unregelmäßigen Verben:

する　*suru*　→　しろ　*shiro*　　　　来る　*kuru*　→　来い　*koi*

Eine **weitere Möglichkeit**, den Imperativ auszudrücken, ist die Form *-nasai*. Sie wird vor allem von Eltern gegenüber ihren Kindern oder älteren Personen gegenüber jüngeren angewendet.

Bislang kam diese Struktur in folgendem 4-Panel-Strip vor:

4-Panel-Strip Nr. 7　　ちゃんと払いなさいよ！

メモ

好き	Vorliebe / Geschmack / Neigung
生き物	Lebewesen / Geschöpf
バカ	Dummkopf / Idiot
しかし	aber / trotzdem
黙る	schweigen / verstummen
でも	aber
失礼	Unhöflichkeit / Unverschämtheit
テイスト	Geschmack
最悪	das Schlechteste / das Schlimmste

Achte auf die Sprechblase 1a. 来てください ist ein **höflicher Imperativ**.
Sieh dir die Sprechblase 3a an. Dies ist die vulgäre Form des Verbs 黙る. Normalerweise würde eine Frau diese Form nicht benutzen, aber Mayu ist hier so verärgert, dass sie aus der Rolle fällt.

ドイツ語

1a Komm doch mit zum Gamecenter, Kurotani.

1b Warum?

1c Weil Nu... Nuki Nuki dich mag.

2a Was? Nuki Nuki ist kein Lebewesen, du Idiot!

2b Aber er hat es mir gesagt.

3a Halt die Klappe!

3b Aber ...

3c Was?

4a Oh, sorry! Er hat nicht Kurotani, sondern Haruka gesagt.

4b Er ist nicht mal echt und dann hat Nuki Nuki auch noch einen schlechten Geschmack!

	Infinitiv	affir. form. Präsens	neg. form. Präsens	neg. inform. Präsens	form. neg. Vergangenheit	inf. neg. Vergangenheit
vokalische Verben						
	着る	着ます	着ません	着ない	着ませんでした	着なかった
konsonantische Verben						
	貸す	貸します	貸しません	貸さない	貸しませんでした	貸さなかった
	持つ	持ちます	持ちません	持たない	持ちませんでした	持たなかった
	会う	会います	会いません	会わない	会いませんでした	会わなかった
	取る	取ります	取りません	取らない	取りませんでした	取らなかった
	開く	開きます	開きません	開かない	開きませんでした	開かなかった
	泳ぐ	泳ぎます	泳ぎません	泳がない	泳ぎませんでした	泳がなかった
	呼ぶ	呼びます	呼びません	呼ばない	呼びませんでした	呼ばなかった
	読む	読みます	読みません	読まない	読みませんでした	読まなかった
	死ぬ	死にます	死にません	死なない	死にませんでした	死ななかった
unregelmäßige Verben						
	する	します	しません	しない	しませんでした	しなかった
	来る	来ます	来ません	来ない	来ませんでした	来なかった

Was bedeutet das?

着る	き・る	anziehen / tragen	泳ぐ	およ・ぐ	schwimmen
貸す	か・す	leihen	呼ぶ	よ・ぶ	rufen
持つ	も・つ	besitzen / halten	読む	よ・む	lesen
会う	あ・う	sich treffen	死ぬ	しぬ	sterben
取る	と・る	nehmen	する		machen
開く	あ・く	sich öffnen	来る	く・る	kommen

affir. form. Verg.	affir. inform. Verg.	*te*-Form	neg. *te*-Form	form. Vorschlag	inform. Vorschlag	form. Imperativ	vul-gärer Imper.
着ました	着た	着て	着ないで	着ましょう	着よう	着なさい	着ろ
貸しました	貸した	貸して	貸さないで	貸しましょう	貸そう	貸しなさい	貸せ
持ちました	持った	持って	持たないで	持ちましょう	持とう	持ちなさい	持て
会いました	会った	会って	会わないで	会いましょう	会おう	会いなさい	会え
取りました	取った	取って	取らないで	取りましょう	取ろう	取りなさい	取れ
開きました	開いた	開いて	開かないで	開きましょう	開こう	開きなさい	開け
泳ぎました	泳いだ	泳いで	泳がないで	泳ぎましょう	泳ごう	泳ぎなさい	泳げ
呼びました	呼んだ	呼んで	呼ばないで	呼びましょう	呼ぼう	呼びなさい	呼べ
読みました	読んだ	読んで	読まないで	読みましょう	読もう	読みなさい	読め
死にました	死んだ	死んで	死なないで	死にましょう	死のう	死になさい	死ね
しました	した	して	しないで	しましょう	しよう	しなさい	しろ
来ました	来た	来て	来なないで	来ましょう	来よう	来なさい	来い

Umgangssprachlicher Imperativ [Infinitiv + な]

見て	→	見ないで！
mite		*minaide!*
見ろ	→	見るな！
miro		*miruna!*

Den umgangssprachlichen Imperativ bildet man mit der Form des Infinitivs und dem Element な (*na*).

Die Form なくて (*-nakute*) ist die *te*-Form von ない (*nai*). Sie zeigt den Grund bzw. die Ursache dafür an, die im Nebensatz ausgedrückt wird.
Auf weitere Verbformen werden wir später noch eingehen. Wenn du über ein neues Verb stolperst, kannst du jederzeit auf diese Tabelle zurückgreifen. So bist du immer in der Lage, herauszufinden, welche Verbform du gerade vor dir hast, um die Handlung besser zu verstehen.

DIE AUSDRUCKSWEISE IM MANGA

■ Die Konjugation der Adjektive

Im Japanischen gibt es zwei Arten von Adjektiven: Adjektive des Typs い (-i), die i-Adjektive, und Adjektive des Typs な (-na), die na-Adjektive. Adjektive werden wie Verben **konjugiert** (Präsens und Vergangenheit, Affirmation und Negation) und verhalten sich auch so (Modus).

1. Die na-Adjektive

Vor dem Verb stehend:

> 元気な男の子 ・ ein lustiger Junge
> *genki na otoko no ko*
>
> 愛川くんは元気な男の子です ・ Aikawa ist ein lustiger Junge.
> *Aikawa-kun wa genki na otoko no ko desu.*

Stehen sie nach dem Verb, werden sie wie das Verb sein konjugiert.

元気な	affirmativ	negativ
		元気ではありません *genki dewa arimasen*
Präsens	元気です *genki desu*	元気じゃありません *genki ja arimasen*
		元気じゃない *genki janai*
		元気ではありませんでした *genki dewa arimasen deshita*
Vergangen-heit	元気でした *genki deshita*	元気じゃありませんでした *genki ja arimasen deshita*
		元気じゃなかった *genki ja nakatta*

Die Endsilbe -na wird weggelassen, durch である (de aru) ersetzt und dieses wird konjugiert.

Denke daran: Japanische Adjektive verhalten sich wie Verben und werden auf die gleiche Art und Weise dekliniert.

メモ

真剣	voller Ernst
怒る	sich ärgern / zornig werden
ような	als ob …
顔	Gesicht
笑う	lachen
はかま	Hakama (traditionelle Hose)
落とす	fallen lassen / verlieren
時	Uhr / Zeit
下	unter
パンツ	Unterhose
丸見え	ungehinderter Blick / vollständige Sichtbarkeit
ぽい	…artig / …mäßig

Achte auf das Panel 2.
Das *i*-Adjektiv つまらない erscheint hier in seiner affirmativen und in seiner negativen Form: »es ist langweilig / es ist nicht langweilig«.

ドイツ語

1a Kei hat mir gesagt, dass ihr letzte Woche zusammen beim Aikidô wart.

1b Ja … So war's.

2a Ist langweilig, oder? Alle sehen dabei so ernst aus.

2b So langweilig war's eigentlich nicht.

3a Als mir vor Aikawa die Hose runtergerutscht ist, haben alle gelacht.

3b Ich wusste ja nicht, dass man unter dem Hakama auch eine Unterhose tragen kann. Man konnte alles sehen!

4a »Man konnte alles sehen!«

4b »Vor Aikawa.«

4c Viele Ideen für ihr Dôjinshi.

2. Die *i*-Adjektive

面白い映画

ein interessanter Film
omoshiroi eiga

昨日は面白い映画を見ました

Gestern hab ich einen interessanten Film gesehen.
Kino wa omoshiroi eiga o mimashita.

怖い人

eine beeindruckende (lit. Angst machende) Person
kowai hito

まゆちゃんは怖い人です

Mayu beeindruckt (flößt Respekt ein).
Mayu-chan wa kowai hito desu.

Die **i-Adjektive** werden so konjugiert, wie sie in der Tabelle stehen. Sie werden so konjugiert wie である (*de aru*), nur die letzte Silbe des Adjektivs ändert sich und lautet く (-*ku*) statt い (-*i*). Daran erkennt man, ob das Adjektiv im Präsens oder der Vergangenheit steht, affirmativ oder negativ gemeint ist. Darüber hinaus kann sie noch weitere Formen kennzeichnen, die wir später behandeln werden.

面白い	Affirmativ	Negativ
Präsens	面白いです *omoshiroi desu*	面白くありません *omoshiroku arimasen* 面白くない *omoshirokunai*
Vergangen-heit	面白かったです *omoshirokatta desu*	面白くありませんでした *omoshiroku arimasendeshita* 面白くなかった *omoshirokunakatta*

メモ

ロッカールーム	Umkleidekabine
ほか	andere
周り	Umgebung / Nachbarschaft
強い	stark / kräftig

Achte auf die Partikel und die Verben, denn nun kannst du erkennen, in welcher Zeit sie konjugiert sind.

だった informelle Vergangenheit
着替える Infinitiv
見てた progressive Vergangenheit
なる informelles Präsens

ドイツ語

1a Na, wie war's in der Umkleidekabine?

1b ?

2a Was meinst du?

2b Na ja, beim Umziehen da glotzt man doch schon mal zum anderen rüber, oder?

3a Keine Ahnung. Ich hab nur auf Kei geachtet.

3b Er ist ganz schön gut gebaut!

4a »Ich hab nur auf Kei geachtet.«

4b »Er ist richtig gut gebaut!«

4c Na, das wird 'ne klasse Story geben!!

4d ?

Die *ku*-Form der Adjektive hat unterschiedliche Funktionen. In Kombination mit der *te*-Form kann sich das Adjektiv mit einem anderen Adjektiv verbinden, um anzuzeigen, dass das von ihm markierte Substantiv beide Eigenschaften aufweist.

小さくてかわいい
chiisakute kawaii
[*chiisa*-ku] + [-*te*] + [Adjektiv] = 2 Adjektive
klein + süß → klein und süß

Die *ku*-Form hat auch die Funktion der **Nominalisierung** des Adjektivs. Dieses wird dann mit dem Verb sein kombiniert und somit als Nomen verwendet:

難しくはない
muzukashiku wa nai
Es gibt keine Schwierigkeit.

In Kombination mit dem Verb なる *naru* wird ein Prozess ausgedrückt, in den der Sprechende nicht eingreift:

難しくなる
muzukashiku naru
(etwas kann) schwierig werden

Mit dem Verb する *suru* wird ein freiwilliger Prozess ausgedrückt:

難しくする
muzukashiku suru
(etwas) schwierig machen

Wie liest man das?
Uuu iya da!

Was bedeutet das?
Iiieeh! Das ist schrecklich!

メモ

やめる	aufhören / zurück-treten / verzichten
名	Name
緊張する	nervös sein / angespannt sein
もっと	mehr
近く	nahe
立つ	aufstehen / sich aufrichten

Achte auf die Form 近くになって in der Sprechblase 4b. Dort erscheint das *i*-Adjektiv 近い in der *ku*-Form. Es wird dadurch zum Nomen und der Partikel に (*ni*) gibt ihm die Funktion der Umstandsbestimmung des Ortes: »näher«. Das Verb steht im Imperativ 立って: »Stellt euch bitte dichter zusammen.«

ドイツ語

1a Hallo, Kei-kun!

1b Aikawa ...

2a Nenn mich einfach Kei, okay.

2b O... Okay.

3a Und du heißt doch Seiichi, oder? Dein Name gefällt mir.

4a Haruka ... wenn du mit dem Fotografieren nicht bald aufhörst, dann wird Seiichi noch ganz nervös.

4b Nur noch eins! Könnt ihr euch enger zusammenstellen?

3. Vergleiche und Superlative

Japanische Adjektive werden nicht verändert, wenn sie in einem Vergleich benutzt werden. Um etwas miteinander zu vergleichen, werden im Japanischen ganz spezielle Ausdrücke verwendet, wie zum Beispiel der Ausdruck より (-yori), der hinter dem Syntagma steht.

Haruka ist jünger als Mayu.

> ## はるかちゃんはまゆちゃんより若いです。
> *Haruka-chan wa <u>Mayu-chan yori</u> wakai desu.*
> Haruka [in Bezug auf Mayu] ist jung.

Um eines der zu vergleichenden Objekte besonders hervorzuheben, benutzt man den Ausdruck の方が (no hô ga).

Haruka ist jünger.

> ## はるかちゃんの方が若いです。
> *Haruka-chan <u>no hô ga</u> wakai desu.*
> Haruka [ist diejenige, die ...] jung ist.

メモ

勝ち	Sieg
やられる	besiegt sein / Schaden erleiden
君	du
上手	gut
一番	der Erste / der Beste
出きが悪い	tollpatschig sein / schlechte Qualität

Wiederholen wir noch einmal die Strukturen:
僕の勝ち
→»mein Sieg«: ich gewinne
やられた*
→ »Besiegt worden sein«
*Diese Form steht im **Passiv**. Hab noch ein wenig Geduld, wir werden sie in Band 2 behandeln.
君より強い
→ stärker als du
番出来が悪い
→ am tollpatschigsten
だろう
→ ist wie でしょう

ドイツ語

1a Gewonnen! Ich hab dich schon wieder besiegt!

2a Bei Videospielen bin ich einfach besser als du!!

2b Ich ...

4a Aber beim Aikido bist du der Schlechteste.

4b ...

Um **Superlative** zu bilden, werden zwei Ausdrücke an das jeweilige Adjektiv bzw. das Adverb angehängt.

最も (*mottomo*) → der / die / das meiste

一番 (*ichiban*) → der/ die/ das Beste (wörtlich »die Nummer 1«)

Mit der Partikel で (*de*) definiert man normalerweise »von was« jemand oder »etwas, der, die oder das Beste«, »Schönste« usw. ist.

Mayu war beim Cosplay die Schönste.

まゆちゃんはコスプレーで　一番/最も　きれいだった。
Mayu-chan wa kosupurê de　ichiban /mottomo　kirei datta.

Nagaoka ist der Beste unter allen Videospiel-Otakus.

長岡くんはゲームおたくの中で　　一番　　　　強かった 。
Nagaoka-kun wa gêmu otaku no naka de　ichiban　　tsuyokatta.

Wie liest man das?	**Was bedeutet das?**
Yân muzukashii!	Menno ist das kompliziert!
Mazu, koin o irerunda.	Zuerst wirft man das Geldstück ein.

メモ

見苦しい	hässlich / schlecht / schäbig
いやな	unangenehm / scheußlich
子供	Kind
ころ	um diese Zeit / zu der …
一個	einer (Zählwort)
持っ	haben / besitzen
めちゃくちゃ	super / total
角	Hörner
鼻	Nase

Achte auf die Formen der Adjektive.
見苦しい
→ 見苦しくて (*te*-Form)

かわいい
→ かわいかった (Vergangenheit)

小さい
→ 小さい (*i*-Adjektiv)

In der Sprechblase 1b findet ihr ein *na*-Adjektiv: いやな. Die *na*-Adjektive werden konjugiert, indem -*na* durch である ersetzt wird.

ドイツ語

1a Welches Stofftier willst du, Haruka?

1b Das da nicht, das ist hässlich!

2a Oh! Ein Nuki Nuki?!

2b Okay! Als Kind hatte ich auch ein Nuki Nuki!

3a Ha ha! Das war supersüß!

3b Ha ha!

4a Mit den kleinen Hörnern und dieser niedlichen Nase …

4b Dann war ich das bestimmt nicht!!

Wie liest man das? *Boku wa ichiban da ze!*

Was bedeutet das? Yeah, ich bin der Beste!

メモ

ほしい	wünschen / haben / wollen
開く	öffnen
説明	Erklärung
こら	Hey! Pass bloß auf!
頂く	nehmen / erhalten (bescheiden-höflich)

Sieh dir die Sprechblase 1a an.

Dort steht ein *na*-Adjektiv. Es wird mithilfe des Verbs である / です konjugiert.

簡単だった steht in der affirmativen Vergangenheit.

ドイツ語

1a Taraaa! Hier ist es. War ganz einfach.

1b Suuuper!

2a Ich will auch einen!

2b Tja, ich seh keine Nuki Nukis mehr …

3b Irgendeinen wird es schon noch geben. Kann man das irgendwie aufmachen?

3b Ey …

4a Könnt ihr mir das erklären?

4b …

4b Ich hab ihn gefunden!

▣ Wer war das?

Im Manga kommen viele verschiedene Charaktere vor. Einige von ihnen bedienen sich einer eher formellen Sprache, andere wiederum benutzen einen umgangssprachlicheren Stil. In den Dialogen werden bestimmte Formen verwendet, mit denen der Sprecher die Handlung auf sich selbst bezieht oder andere Personen ansprechen kann. Diese Formen variieren je nach dem, in welchem Verhältnis der Sprecher zu den anderen Personen steht.

1. Wenn man über sich selbst spricht

Die 1. Person *ich*:

| 私 | わたくし (*watakushi*) → **sehr formell** |

| 私 | わたし (*watashi*) → **neutral** |

| 僕 | ぼく (*boku*) → **informell**, auf junge Männer und Teenager beschränkt |

| 俺 | おれ (*ore*) → **umgangssprachlich**, arroganter als 僕 |

| あたし | (*atashi*) → **informell**, auf Frauen oder Kinder beschränkt |

| わし | (*washi*) → **neutral**, ältere Männer |

| 我 | われ (*ware*) → **unfreundlich** |

| 内 | うち (*uchi*) → **informell** |

メモ

申し訳	Entschuldigung / Ausrede
ござる	sein / haben / gehen (höfl.)
びっくりする	sich erschrecken / verblüfft sein
乱暴な	heftig / gewalttätig
行動	Verhalten / Handlung
危険な	gefährlich
止める	unterbrechen / anhalten / stoppen
電話番号	Telefonnummer
住所	Adresse
教える	lehren / mitteilen / sagen

> Achte auf den Gebrauch der Pronomen. Kei bezieht sich auf Seiichi als あの人, die Form der 3. Person Singular »er« oder »sie«.
>
> Die Angestellte des Gamecenters spricht Kei mit お客様 (»geehrter Kunde«) an. 様 ist ein sehr höfliches, ehrenvolles Suffix.

ドイツ語

1a Entschuldigen Sie bitte vielmals!

2a Er … ist ein wenig merkwürdig. Entschuldigen Sie bitte.

2b Hab ich mich erschreckt!

3a Ein solches Verhalten ist gefährlich. Das darf nicht noch mal vorkommen.

3b Nein … ähm … tut mir leid.

4a Ihr müsst für den entstandenen Schaden aufkommen. Gib mir deine Telefonnummer …

4b …

2. Wenn man sich duzt

Wenn man sich an eine andere Person wendet, spricht man sie normalerweise mit ihrem Namen an.

> ### 長岡くんは来ないの？
>
> *Nagaoka-kun wa konai no?*
> Kommst du nicht (Nagaoka)?

Alle anderen Formen, um jemanden zu duzen oder zu siezen, sind entweder sehr formell oder umgangssprachlich. Die 2. Person *du* oder **Sie**:

あなた様	あなたさま (*anatasama*) → **sehr respektvoll**
お宅	おたく (*otaku*) → **sehr formell**
貴方	あなた (*anata*) → **neutral**
君	きみ (*kimi*) → **informell**, zwischen Geschwistern, Freunden …
あんた	(*anta*) → **vulgär**
お前	おまえ (*omae*) → **informell**, männlich
おめえ	(*omê*) → **vulgär**, männlich
手前	てまえ (*temae*) → **vulgär**
てめえ	てめえ (*temê*) → **vulgär**
貴様	きさま (*kisama*) → **vulgär und respektlos**

メモ

もらう	erhalten / bekommen
剣	Schwert
長い	lang

Sieh dir die Personalpronomen an und achte auf die jeweilige Partikel, die hinter ihnen steht.

僕も

Die Partikel も (*mo*) werden wir in Band 2 ausführlich behandeln. Sie wird ähnlich benutzt wie »auch«.

あたしの
君の

Die Funktion der Partikel の (*no*) kennst du ja bereits. Hier ist es ein **Possesivum**.

Im letzten Panel ruft Haruka Seiichi mit seinem Namen.

ドイツ語

1a Ich hab auch ein Nuki Nuki!

2a Mein Nuki Nuki hat ein größeres Schwert, oder?

4a Ey, Nagaoka!

3. Wenn man über Dritte spricht

Die 3. Person: *er* oder *sie*

彼	かれ (*kare*) → er
彼女	おたく (*otaku*) → sie
彼奴	あいつ (*aitsu*) → er, sie (vulgär)

Als Form der 3. Person werden auch Periphrasen wie あの人 (*ano hito*) »diese Person« benutzt.

Um den **Plural** zu bilden, werden die Suffixe *-tachi* oder *-ra* an das Pronomen angehängt. Sie können mit Kana oder als Kanji geschrieben sein.

私達	わたしたち (*watashitachi*) → wir (m, f)	**1. Person Plural**
僕達	ぼくたち (*bokutachi*) → wir (nur m, informell)	
我ら	われら (*warera*) → wir	
我々	われわれ (*wareware*) → wir	
貴方方	あなたがた (*anatagata*) → Sie, ihr	**2. Person Plural**
君達	きみたち (*kimitachi*) → ihr (informell)	
彼達	かれたち (*karetachi*) → sie (Pl.)(auch 彼たち)	**3. Person Plural**
彼等	かれら (*karera*) → sie (Pl.)(auch 彼ら)	
彼女達	かのじょたち (*kanojotachi*) → sie (Pl., f) (auch 彼女たち)	
彼奴ら	あいつら (*aitsura*) → sie (f, m), (vulgär)	

メモ

遅い	spät / langsam
送る	jmd. begleiten / senden
誰か	jemand / irgend-jemand
後	nachher / später / seit …
感じ	Gefühl
ファンクラブ	Fanklub
一番	der Beste / der Erste
格好いい	schick / toll / cool

Sieh dir die Personalpronomen an. Die Pronomen in Panel 2 und 3 sind aus einem Kanji und dem Plural-suffix 達 (-*tachi*) zusammengesetzt.

ドイツ語

1a Es ist spät geworden. Bringst du mich nach Hause?

2a Ich hab nämlich das Gefühl, wir werden verfolgt.

2b Echt jetzt?

3a Ja, diese Gruppe da.

3b Ach, die!

4a Das ist mein Fanklub.

4b …

4c Aikawa ist der Beste.

4c Wir lieben dich, Aikawa!

3 Auf etwas hinweisen!

1. Demonstrativpronomen

これ	*kore*	dieser, diese, dieses (beim Sprecher)
それ	*sore*	dieser, diese, dieses (beim Angesprochenen)
あれ	*are*	dieser, diese, dieses (von beiden gleich weit entfernt)
どれ	*dore*	welcher, welche, welches? (Fragepronomen)

Hast du bemerkt, dass die Pronomen, die Demonstrativadjektive (Seite 142) und die ortsangebenden Adverbien (Seite 144 und 149) **dieselbe Struktur** haben? Sie beginnen alle mit *ko, so, a* und *do* (こ・そ・あ・ど), weshalb man auch vom ko-so-a-do-System spricht.

こ beim Sprecher	そ beim Angesprochenen	あ von beiden gleich weit weg	ど Frage-pronomen

Wie liest man das?
Dore ni shiyô ka na?

Zenbu isshô jan.

Was bedeutet das?
Welches kaufe ich?

Die sind doch alle gleich …

メモ

セーラーボーイ	*Sailor Boy* (Titel einer Zeitschrift)
少女	Mädchen

Achte auf das Demonstrativ これ.

Finde die Partikel und die Verben.

読んでる ist die **progressive Form** des Verbs lesen, die wir schon behandelt haben.

だ ist die **umgangssprachliche Form** des Verbs sein im Präsens.

Im letzten Panel kommt ein *i*-Adjektiv vor.

Das Verb wird weggelassen, weil das Partikel ね am Ende des Satzes ausreicht, um den Satz zu vervollständigen.

ドイツ語

1a Ich lese gerade das hier, *Sailor Boy.*

2a Ein Shojo-Manga, oder?

3a *!*

4a *!!!*

4b Echt gut, oder?!

2. Demonstrativadjektive

この本	*kono* hon	**dieses** Buch
その本	*sono* hon	**das** Buch **dort**
あの本	*ano* hon	**jenes** Buch
どの本	*dono* hon	**welches** Buch?

Wie liest man das?
Sono kyara daisuki!

Was bedeutet das?
Diesen Charakter finde ich toll!

メモ

次	der Nächste / der Folgende
渋谷	Shibuya (Stadtteil von Tokyo)
出口	Ausgang
右側	rechte Seite
反応	Reaktion / Wirkung / Folge
なし	ohne
車内	im Wagen / Inneres eines Wagens
合気道家	Aikidô-Kämpfer

Sieh dir die erste Sprechblase an. Diesen Satz hört man in den U-Bahnen Tokyos, wenn man an der U-Bahn-Station Shibuya ankommt.

In Panel 4 steht das Demonstrativadjektiv この, das einen **Gegenstand in der Nähe des Sprechers** anzeigt.

この電車 → dieser Zug

ドイツ語

1a Nächster Halt: Shibuya. Der Ausgang befindet sich auf der rechten Seite.

1b Wir sind da.

2a Kei!

3a *Er reagiert nicht ...*

4a Wer in dem ganzen Zug ist der Beste im Aikidô?

4b Ich!!

4c *Yeah!*

3. Ortsbestimmende Adverbien

Die hier aufgelisteten ortsbestimmenden Adverbien kannst du in informellen Dialogen finden:

ここ	*koko*	**hier** (dieser Ort)
そこ	*soko*	**dort** (der Ort / Platz da)
あそこ	*asoko*	**dort drüben** (dieser Ort/Platz dort)
どこ	*doko*	**wo?** (welcher Ort?)

どこに置いたらいいの？

Wie liest man das?
Doko ni oitara ii no?

Was bedeutet das?
Wo stell ich ihn hin?

メモ

終わる	enden / zu Ende gehen / beenden
どうぞ	bitte

Achte auf Panel 1 und betrachte die Position des ortsbestimmenden Adverbs どこ (*doko*).

Sieh dir Panel 2 an. In der zweiten Sprechblase erscheint eine neue Form こっち (*kocchi*). Es ist eine abgeleitete Form von ここ (*koko*) und wird vor allem von Frauen und Kindern verwendet, um es *kawaii* klingen zu lassen.

ドイツ語

1a Wo ist denn Haruka bloß hin?

2a Ich ruf sie auf dem Handy an.

2b Ich bin hier! Ich bin hier!

3a Ich bin gleich fertig, okay?

3b Was machst du denn?

4a Macht ruhig weiter, dauert nur einen Moment ...

4. Ortsangebende Adverbien (formell)

Die hier aufgelisteten ortsangebenden Adverbien kannst du in formellen Dialogen finden:

こちら	*kochira*	hier, hierher
そちら	*sochira*	da, dort, dahin
あちら	*achira*	dort drüben, das da
どちら	*dochira*	wo? wohin?

Die umgangssprachliche Form dieser Adverbien lautet:

こっち	*kocchi*	hier
そっち	*socchi*	da, dort, dorthin
あっち	*acchi*	dort drüben
どっち	*docchi*	wo?

Diese verschliffenen Varianten können sowohl von Männern als auch von Frauen benutzt werden.

こちらです

お手洗いはどこですか？

Wie liest man das?
Otearai wa doko desu ka?

Kochira desu.

Was bedeutet das?
Wo befinden sich die Toiletten?

Hier entlang.

メモ

雑誌	Zeitschrift / Journal
連載する	in Fortsetzungen veröffentlichen
続き	Fortsetzung
読む	lesen

Achte auf Panel 1. Im Dialog taucht eine Frage mit どこ auf. Der Satz endet mit der Interrogativpartikel か.

Die Antwort erfolgt eher formell どちら: Ein Verkäufer wendet sich an die Kunden im formellen Sprachstil.

Im dritten Panel finden wir ein weiteres Demonstrativadjektiv この, das hier einen **Gegenstand in der Nähe des Sprechers** bezeichnet.

ドイツ語

1a Wo finde ich *BxBoy?*

2a Hier.

3a In diesem Magazin erscheint die Serie *Sailor Boy*.

4a Da kannst du die Fortsetzung der Geschichte lesen!

4b Kein Bedarf!

❹ Sprechen, ohne etwas zu sagen

Die Dialoge im Manga sind meist nicht in Schriftjapanisch geschrieben. Die Sätze sind einfacher, kürzer und oft fragmentiert. Neben den Interaktionspartikeln oder den Partikeln am Satzende gibt es verschiedene Möglichkeiten, die Interaktion eines Sprechers während eines Gespräches zu kennzeichnen. Dialoge sind durch Pausen, Stottern usw. gekennzeichnet. Die Dialoge sind voller Elemente, die für sich allein keine konkrete Bedeutung haben, aber in der gesprochenen Sprache Untertöne oder Verstärkungen bewirken.

Auch wenn das Verb immer am Satzende steht, können in einem Gespräch Elemente angehängt werden, die dem Satz eine bestimmte Nuance verleihen und anzeigen, dass die Konversation fortgesetzt wird.

Wie liest man das?
Aikawa-kun to kekkon shite ii yo.

Nani o itteru no.

Was bedeutet das?
Du darfst Aikawa-kun heiraten!

W… Was redest du denn da?

Die Partikel ね (*ne*) und Formen wie でしょう (*deshô* →) deuten an, dass die Unterhaltung weitergeht. Es gibt noch weitere Ausdrücke, die wichtig sind, um die Dialoge im Manga zu verstehen. Auf Seite 148 findest du einige davon aufgelistet.

メモ

お父さん　　　　Vater

Achte auf die Dialoge. Du wirst einige einzeln stehende あ finden, die anderen Wörtern vorangestellt sind. Dieser Ausruf ist mit unserem: »Ah …!« zu vergleichen.

In der Sprechblase 3b stottert Haruka und weiß nicht, was sie sagen soll. Man merkt, dass sie stockend spricht.

ドイツ語

1a Entschuldigung, kann ich bitte bezahlen?

1b Ja, natürlich.

1c Haruka!

2a Papa!

2b Ah! Herr Sakai.

3a Hast du dir schon wieder ein Magazin gekauft? Ich hab dir das doch aber verboten!

3b Ah, aber …

4a Es ist nicht für mich, sondern für Kei.

4b Was?!

- Wenn jemand **das Gespräch eröffnet.**

あのねえ	nun ... / also ... / hör mal zu ...
なんかね	(tja), ich würde sagen ...
すみません	entschuldige / entschuldigen Sie

- Wenn jemand **die erhaltene Information bestätigt.**

そうですか	so ist das also?
そうですね	so ist es, nicht wahr?
やっぱり	wie gesagt / wie erwartet
なるほど	verstehe / aha!

- Wenn jemand **stottert** oder eine peinliche Stille überbrücken will ...

やっぱり	dachte ich's mir doch ...
つーことは /	also, wenn das so ist ...*
つーのはね	*umgangssprachliche Form von と言うことは (*to iu koto wa*)
って	also dann / na dann ...
それって	dann (bedeutet das) also ...*
	*Achtung, nicht mit der *te*-Form verwechseln!

- Wenn jemand seine **Aufmerksamkeit** kundtut, wobei er aber nicht die geäußerte Meinung zu teilen braucht ...

はい / ええ	doch	そう	schon
ふーん	na ja	うん	ja, einverstanden

- Wenn jemand seinen **Zweifel** ausdrückt.

さあ	nun / also / tja	そう?	ja? / echt?
たぶん	vermutlich	まあ	nun / mal
そうですかねえ	ich weiß nicht ...		

- Wenn jemand **überrascht** ist.

ええ?	was?	まさか	ausgeschlossen /
ほんと?	ehrlich? / ernsthaft?		du meine Güte!
うそ!	ach, komm schon!	まじ?	im Ernst? / ernsthaft?

- Ausdrücke, um eine **Unterhaltung** zu beenden.

ということで	und somit ... / es heißt, dass ...
つーことで	na dann ...
それじゃ	bis bald

Einige dieser Ausdrücke sind bereits in den 4-Panel-Strips vorgekommen. Finde sie!

メモ

信じる	glauben
まじめ	Ernst / Ernsthaftigkeit
よければ	wenn es dir passt …
晩ご飯	Abendbrot
えらい	bedeutend / groß / einflussreich
少年	Junge
内ら	wir

Sieh dir die Sprechblase 1b an. Haruka wird von ihrem Vater ausgeschimpft, weil sie ihn angelogen hat. Sie weiß nicht, was sie sagen soll und stottert.

ドイツ語

1a Denkst du etwa, ich hätte dir geglaubt, dass das Magazin für Aikawa ist?

1b Na ja, a... also ich ...

2a Dafür bist du viel zu gewissenhaft, Junge. Magst du mit uns zu Abendbrot essen!

2b Oh, vielen Dank.

3a Dieser junge Mann ist so anständig und verantwortungsbewusst ...

4a Können wir auch reinkommen?

4b Kei, wir wollen dich!

5 Die Zahlen

Im Manga stehen die Zahlen entweder als Nummer oder als Kanji. Die Kanji der Zahlen 1 bis 10 (ohne Furigana) solltest du lesen können.

1	一	いち	6	六	ろく	
2	二	に	7	七	なな、しち	
3	三	さん	8	八	はち	
4	四	よん、し	9	九	きゅう	
5	五	ご	10	十	じゅう	

Ab der Zahl 10 werden die Zahlen durch das Kanji für 10 plus die Kanji der Zahlen 1 bis 9 dargestellt.

11	十一	じゅういち	16	十六	じゅうろく
12	十二	じゅうに	17	十七	じゅうなな
13	十三	じゅうさん	18	十八	じゅうはち
14	十四	じゅうよん	19	十九	じゅうきゅう
15	十五	じゅうご			

Ab der Zahl 20 steht das Kanji für die Zahl 2 vor den Zehnern, ab 30 dann das Kanji für 3 und so weiter.

20	二十	にじゅう	80	八十	はちじゅう
30	三十	さんじゅう	90	九十	きゅうじゅう
40	四十	よんじゅう	100	百	ひゃく
50	五十	ごじゅう	500	五百	ごひゃく
60	六十	ろくじゅう	100	千	せん
70	七十	ななじゅう	500	五千	ごせん

Die Zahlen ab 10.000 werden mit dem Kanji まん (-man) gebildet.

10.000	一万	いちまん
100.000	十万	じゅうまん
1.000.000	百万	ひゃくまん

Ab einer Million mit dem Kanji 億

100.000.000	一億	いちおく

メモ

最新	neust / modernst
ページ	Seite
まずい	schlecht / hässlich

In Panel 1 spricht Haruka über die Anzahl der Seiten, die ihr *Dôjinshi* hat. Um zu zählen, benutzt man im Japanischen so genannte **Zählwörter**; um Seiten zu zählen, benutzt man das Zählwort ページ (engl.: *page*). Um mehr über die verschiedenen Zählwörter zu erfahren, schlag in Band 2 nach!

ドイツ語

1a Hier, das ist mein neuster Dôjinshi. 45 Seiten, das ist die längste Geschichte, die ich bislang geschrieben habe!

2a Bah!

2b Oh! Ist das nicht Mayu?

3a Gruselig, ich hoffe, ich komme in deinem Manga nicht vor ...

4a Hu hu hu ...

4b *Böse Vorahnung ...*

6 Die Datumsangabe

Die Monate werden auf Japanisch mit Zahlen benannt und haben keine Eigennamen: Monat 1, Monat 2 etc. Sobald man die Zahlen 1 bis 12 kann, versteht man auch schnell, von welchem Monat jeweils die Rede ist.

日	にち	Tag	一月	いちがつ	Januar
週間	しゅうかん	Woche	二月	にがつ	Februar
月	げつ	Monat	三月	さんがつ	März
年	ねん	Jahr	四月	しがつ	April
			五月	ごがつ	Mai
月曜日	げつようび	Montag	六月	ろくがつ	Juni
火曜日	かようび	Dienstag	七月	しちがつ	Juli
水曜日	すいようび	Mittwoch	八月	はちがつ	August
木曜日	もくようび	Donnerstag	九月	くがつ	September
金曜日	きんようび	Freitag	十月	じゅうがつ	Oktober
土曜日	どようび	Samstag	十一月	じゅういちがつ	November
日曜日	にちようび	Sonntag	十二月	じゅうにがつ	Dezember

Wenn du in einem Manga auf einen Zeitungsausschnitt stößt, wirst du wahrscheinlich ein Datum finden, das ungefähr so aussieht:

2005年3月15日
15 März 2005

Das Datum kann sowohl vertikal als auch horizontal geschrieben werden. Du kannst das Datum aber auch in dieser Form finden:

16平成3月15日

Hinter der 16 steht das Kanji für **Heisei**, die Epoche, die im traditionellen japanischen Kalender die Periode von 1988 bis heute bezeichnet. Der Name der jeweiligen **Epoche** hängt mit der Regentschaft des Tennô zusammen. Mit jedem neue Kaiser beginnt man wieder von eins an zu zählen. Wichtige Bezeichnung der verschiedenen Perioden:

明治	めいじ	**Meiji**	1852 – 1912
大正	たいしょう	**Taishô**	1912 – 1926
昭和	しょうわ	**Shôwa**	1926 – 1988
平成	へいせい	**Heisei**	1988 – heute

メモ

授業	Unterricht
月曜日	Montag
金曜日	Freitag
法律	Recht
医学	Medizin
悪い	schlecht
時間	Stunden

Achte auf Panel 1. Der Ausdruck
月曜日から金曜日まで heißt
»von Montag bis Freitag«.

から (kara) → von
まで (made) → bis

ドイツ語

1a ... und ich trainiere Aikidô, drei
Stunden lang von Montag bis
Freitag immer nach dem Unter-
richt.

2a Sehr anständig. Meine Tochter
weiß noch nicht mal, was sie
studieren wird ...

3a Ich will an einer Manga-
Universität studieren und eine
berühmte Mangaka werden!

3b Das hab ich dir schon x-mal
gesagt, Papa!

4a Sie könnte Jura oder Medizin
studieren, das wäre nicht
schlecht. Na ja ...

4b Hörst du mir überhaupt zu?

オマケ・OMAKE

Ich hab zu Hause ein Original-Manga. Was mach ich nun?

Um einen Originalmanga lesen zu können, brauchst du ein japanisch-deutsches Wörterbuch und ein Kanji-Lexikon. Im Internet kannst du neben zahlreichen Informationen auch kostenlose Wörterbücher finden. Oder du gehst in eine Sprachenbuchhandlung, doch die meisten Werke, die du dort findest, sind auf Englisch.

Ein unerlässliches Wörterbuch ist *Kanji & Kana*. Es beinhaltet neben der Lesung der Jôyô-Kanji auch deren Übersetzung sowie Beispiele und die Strichreihenfolge. Es bietet dir also verschiedene Möglichkeiten, nach dem entsprechenden Kanji zu suchen. Es ist sehr praktisch!

Wolfgang Hadamitzky, *Langenscheidts Handbuch und Lexikon der japanischen Schrift Kanji & Kana*, Langenscheidt, München 1997.

Mithilfe eines Wörterbuchs kannst du nun den Manga lesen, der dir bislang ein Buch mit sieben Siegel gewesen ist. Erkennst du das Verb oder die Partikel? Betrachte die Elemente getrennt voneinander, damit dich die komplexen Texte nicht erschrecken und schlag in *Japanisch Crashkurs* nach, wenn du etwas nicht verstehst. Versuch dich zu erinnern, wie die japanische Grammatik funktioniert, und probier, das Gelernte auf die neuen Dialoge anzuwenden.

Wenn du auf Konstruktionen stößt, die du nicht auf Anhieb verstehst, gib nicht gleich auf: Wahrscheinlich sind die Strukturen einfach noch nicht in Band 1 behandelt worden. Es folgen noch drei Bände, in denen es jede Menge zu lernen und entdecken gibt ...

Wir sehen uns wieder in *Japanisch Crashkurs Band 2*!!

Wie liest man das?
Kuroneko ga daisuki da yo.

Nyan!

Was bedeutet das?
Ich liebe schwarze Katzen!

Miau!

黒猫が大好きだよ

メモ

大成功	einen großen Erfolg erzielen
どく	beiseite gehen / Platz machen
奥	Inneres / Tiefe / im Hintergrund

Lies den gesamten Text. Sieh dir die Partikel und das Verb getrennt voneinander an, um den Satz zu verstehen.

皆はいっぱい撮ってるわね～
今日は私の大成功だわ！
ちょと　どいて下さい
奥の人は見えませんよ！

Erkennst du die grammatikalischen **Partikel**, die Satzendpartikel und die **Verbformen** wieder? Sieh dir nun die Übersetzung an, um zu vergleichen, ob du alles richtig verstanden hast.

Achtung: Die Form 見える erfordert die Partikel が für das direkte Objekt anstelle von を. Um mehr über diese Form des Verbs 見る（みる）zu erfahren, schlag in Band 2 nach!!

ドイツ語

1a Hi hi! Die machen lauter Fotos von mir.

2a Heute triumphiere ich!

2b Ha ha ha!!

3a Sorry, aber könntest du mal aus dem Weg gehen?

3b Hä?

4a Du verdeckst ihn ...

4b ...

Möchtest du mehr über Mayu, Seiichi, Haruka und Kei erfahren?

Haruka Sakai, die Kleinste der Gruppe, ist ein großer Mangafan und möchte später gern selbst einmal Manga zeichnen. Mit ihren 16 Jahren widmet sie sich zurzeit aber noch der Herausgabe ihres ersten Dôjinshi, einer Boys-Love-Geschichte, in der alle ihre Freunde und Bekannte (zu deren Leidwesen) auftauchen.

Mayu Kurotani besucht dieselbe Schule wie Haruka, arbeitet in einem Seven Eleven und nach dem Unterricht gibt sie ihr ganzes Geld für gothicmäßige Klamotten aus. An den Wochenenden präsentiert sie gern ihre Kleider und Accessoires in Harajuku, einem bekannten Stadtteil von Tokyo, wo sich viele junge Leute verschiedener, extremer Modetrends treffen und sich dort auch fotografieren lassen.

Kei Aikawa ist ein Fan aller Sportarten, aber besonders von Aikidô. Er ist der Einzige der vier Freunde, der schon studiert (im ersten Jahr Wirtschaft) und auch der Einzige, der einen eigenen Fanklub hat, der ihm überallhin folgt. Normalerweise ist er ein total lieber Typ ... es sei denn, jemand ist besser als er.

Wenn sich **Seiichi Nagaoka** bedrängt fühlt, kriegt er Angst und schließt sich in seinem Zimmer (oder sonst wo) ein. Viele junge Japaner leiden unter dieser Krankheit (Hikikomori). Er besitzt alle erhältlichen Spielkonsolen und sogar die, die noch nicht erschienen sind. Sein bester Freund ist Nuki Nuki, eine Figur des Game-Klassikers Fantasy Quest. Ja, diesem Jungen geht es wirklich schlecht.

Wie liest man das?	**Was bedeutet das?**
Shimatta! Dentô ga kietanda!	Nein!! Der Strom ist ausgefallen!

メモ

カチカチ	tick tack / klack klack
ごくごく	glucks glucks
もぐもぐ	mampf mampf
どろろろ	puller puller

Einige **Lautmalereien** (Onomatopöie) findet man im Wörterbuch, andere nicht. Wenn sie ein Geräusch darstellen, ist es leicht, sie zu verstehen, und dann stehen sie meist nicht in einem Wörterbuch. Sollen sie aber eine besondere Atmosphäre erzeugen oder ein Ambiente schaffen, sind sie nicht so leicht zu interpretieren. Bedenke, dass ein Manga sehr visuell ist. Die Zeichnungen werden dir also dabei helfen, zu verstehen, was vor sich geht.

Drei Onomatopöie, die eine bestimmte Atmosphäre darstellen:
しーん Ruhe
じー anstarren
かーあ rot werden

ドイツ語

1a Klack Klack

2a Gluck Gluck

3a Mampf Mampf

4a Puller

GLOSSAR

Dakuten: ein »Kreis«, der den aspirierten Konsonanten der Kana von H in P verwandelt

Furigana: eine Art Lesehilfe: Es handelt sich dabei um Hiragana-Zeichen, die neben dem Kanji stehen, um seine Lesung anzugeben.

Handakuten: »Anführungsstriche«, die stimmlose Konsonanten in stimmhafte Konsonanten verwandeln.

Hiragana: »runde« japanische Silbenschrift

Kana: Oberbegriff für die beiden japanischen Silbenschriften.

Kanji: Bezeichnung für die chinesischen Schriftzeichen, wie sie in der japanischen Sprache verwendet werden.

Katakana: »eckige« japanische Silbenschrift

Kunyomi: Kun-Lesung oder japanische Lesung eines Kanji

Okurigana: Hiragana, die zusammen mit einem Verb oder einem Adjektiv ein Wort ergeben.

Onyomi: On-Lesung eines Kanji

Romaji: westliches Alphabet

BIBLIOGRAFIE

 AOTS, Shin Nihongo no Kiso I. *Grammatical Notes in English*. Tokyo, 1992.

Wolfgang Hadamitzky, *Langenscheidts Handbuch und Lexikon der japanischen Schrift Kanji & Kana*. Langenscheidt, München 1997.

Bernabé, M. *Japonés en viñetas. Norma Editorial.* Barcelona, 2001.

Makino, S. undTsutsui, M., *A Dictionary of Basic Japanese Grammar.* The Japan Times,Tokyo, 1986.

Maynard, S. *An Introduction to Japanese Grammar and Communication Strategies.*The Japan Times,Tokyo, 1990.

Takagi, K. *Manual de lengua japonesa.* UAM, Madrid 2001.

Tanimori, M. *Handbook of Japanese Grammar.* Tuttle Publishing, Singapur, 1994

Pardavila, A. und Niimi, K., *Japonés paso a paso. La lengua escrita – Libro 3.* SGEL, Madrid, 2001.

Hiragana

Ist eine der beiden japanischen Silbenschriften, die für alle Wörter benutzt
wird, die nicht mit *Kanji* geschrieben
werden können wie zum Beispiel für
Konjugationen und grammatikalische
Satzelemente.

あ a	い i	う u	え e	お o					
か ka	き ki	く ku	け ke	こ ko	が ga	ぎ gi	ぐ gu	げ ge	ご go
さ sa	し shi	す su	せ se	そ so	ざ za	じ ji	ず zu	ぜ ze	ぞ zo
た ta	ち chi	つ tsu	て te	と to	だ da	ぢ ji	づ zu	で de	ど do
な na	に ni	ぬ nu	ね ne	の no					
は ha	ひ hi	ふ fu	へ he	ほ ho	ば ba	び bi	ぶ bu	べ be	ぼ bo
					ぱ pa	ぴ pi	ぷ pu	ぺ pe	ぽ po
ま ma	み mi	む mu	め me	も mo					
や ya		ゆ yu		よ yo					
ら ra	り ri	る ru	れ re	ろ ro					
わ wa				を wo					
ん n									

きゃ kya	きゅ kyu	きょ kyo	ぎゃ gya	ぎゅ gyu	ぎょ gyo			
しゃ sha	しゅ shu	しょ sho	じゃ ja	じゅ ju	じょ jo			
ちゃ cha	ちゅ chu	ちょ cho						
にゃ nya	にゅ nyu	にょ nyo						
ひゃ hya	ひゃ hyu	ひゃ hyo	びゃ bya	びゅ byu	びょ byo	ぴゃ pya	ぴゅ pyu	ぴょ pyo
みゃ mya	みゅ myu	みょ myo						
りゃ rya	りゅ ryu	りょ ryo						

Katakana

Ist eine der beiden japanischen Silbenschriften, die für alle nicht-japanischen
Wörter, ausländische Namen und manchmal auch zur besonderen Hervorhebung
bestimmter Begriffe benutzt wird.

ア a	イ i	ウ u	エ e	オ o					
カ ka	キ ki	ク ku	ケ ke	コ ko	ガ ga	ギ gi	グ gu	ゲ ge	ゴ go
サ sa	シ shi	ス su	セ se	ソ so	ザ za	ジ ji	ズ zu	ゼ ze	ゾ zo
タ ta	チ chi	ツ tsu	テ te	ト to	ダ da	ヂ ji	ヅ zu	デ de	ド do
ナ na	ニ ni	ヌ nu	ネ ne	ノ no					
ハ ha	ヒ hi	フ fu	ヘ he	ホ ho	バ ba	ビ bi	ブ bu	ベ be	ボ bo
					パ pa	ピ pi	プ pu	ペ pe	ポ po
マ ma	ミ mi	ム mu	メ me	モ mo					
ヤ ya		ユ yu		ヨ yo					
ラ ra	リ ri	ル ru	レ re	ロ ro					
ワ wa				ヲ wo					
ン n									

キャ kya	キュ kyu	キョ kyo	ギャ gya	ギュ gyu	ギョ gyo			
シャ sha	シュ shu	ショ sho	ジャ ja	ジュ ju	ジョ jo			
チャ cha	チュ chu	チョ cho						
ニャ nya	ニュ nyu	ニョ nyo						
ヒャ hya	ヒュ hyu	ヒョ hyo	ビャ bya	ビュ byu	ビョ byo	ピャ pya	ピュ pyu	ピョ pyo
ミャ mya	ミュ myu	ミョ myo						
リャ rya	リュ ryu	リョ ryo						

María Ferrer

Ihr Interesse an Manga und der japanischen Kultur machten sie zur Japanisch-Übersetzerin. María Ferrer übersetzt seit mehr als zehn Jahren Comics, Manga und Anime und sie ist in dem Studienzirkel *Kaika* aktiv, der sich mit dem modernen Japan auseinandersetzt. Von Zeit zu Zeit unterrichtet sie auch Japanisch.

David Ramírez

Vor zehn Jahren machte sich David
Ramírez mit seinen destruktiven Manga-
Parodien (*Humor Amarillo*) einen Namen. Seither hat er seinen Lesern stets
ein Lächeln entlocken können, seien sie
nun Manga-Fans (*B3*), Fans amerikani-
scher Comicserien (*Haciendo Amigos*)
oder Leser von Kindergeschichten
(*Minimonsters*).

UND DAS ERWARTET DICH
IM NÄCHSTEN BAND VOM

DU MÖCHTEST UNBEDINGT NOCH BESSER JAPANISCH LESEN UND SPRECHEN LERNEN? DANN FREU DICH AUF BAND 2! DENN DARIN ERFÄHRST DU ALLES ÜBER DIE BEGRÜSSUNGS- UND VERABSCHIEDUNGSFORMEN IM JAPANISCHEN, WIE MAN SICH STETS HÖFLICH BEDANKT UND WIE DU IN ALLEN LEBENSSITUATIONEN DIE RICHTIGE FRAGE STELLEN KANNST.

HARUKA, MAYU, KEI UND SEIICHI FREUEN SICH SCHON AUF DICH!

日本語
JAPANISCH
CRASHKURS

日本語
JAPANISCH
CRASHKURS

Zeichenkurse bei TOKYOPOP

SELENA LIN
COMIC-SCHULE

Du willst Comics zeichnen, weißt aber nicht, wie du beginnen sollst? Dann lass dir von Selena helfen: Von den grundlegenden Werkzeugen über das Konzept und Story-Setting bis hin zum letzten Schliff zeigt sie dir, wie es ganz einfach geht und auch noch riesigen Spaß macht! Die vielen detaillierten Abbildungen führen dich Schritt für Schritt auf den Weg. Erlebe witzige Zeichenstunden mit der süßen Manhua-Professorin Selena!

Zeichenkurse bei TOKYOPOP

SELENA LIN
FARBEN-SCHULE

Du willst deine schwarz-weiß Illustrationen kolorieren, weißt aber nicht genau, wie? Dann ist Selena Lins Farben-Schule genau das Richtige. Denn darin hat die beliebte Zeichnerin aus Taiwan alle wichtigen Tipps für dich zusammengestellt, damit Kolorieren zum Kinderspiel wird. Tauch ein in die farbenfrohe Welt und lass dir Schritt für Schritt erklären, wie die perfekte Farbillustration entsteht. Erlebe witzige Zeichenstunden mit der süßen Manhua-Professorin!

Fantasy bei TOKYOPOP

THE LEGEND OF ZELDA

Im ersten Abenteuer muss der junge Held Link dafür sorgen, dass das Leben in dem Land Holodrum wieder ins Gleichgewicht gebracht wird. Nachdem der böse General Onox die Tänzerin Din entführt hat, die als das »Orakel der Jahreszeiten« gilt, versinkt die Gegend nämlich unter ständigen Wetterwechseln im Chaos. Nur wenn es Link gelingt, die acht Essenzen der Natur zu finden und zu dem sagenumwobenen Maku-Baum zu bringen, lässt sich der Frieden wieder herstellen …